物有所值评价

关键技术优化研究

周正祥　陈琦辉◎著

经济管理出版社
ECONOMY & MANAGEMENT PUBLISHING HOUSE

图书在版编目（CIP）数据

物有所值评价关键技术优化研究 ／ 周正祥，陈琦辉
著. -- 北京 ：经济管理出版社，2024. -- ISBN 978-7
-5096-9909-6

Ⅰ. F832.48；F124.7

中国国家版本馆 CIP 数据核字第 2024WT6884 号

组稿编辑：申桂萍
责任编辑：申桂萍
助理编辑：张　艺
责任印制：张莉琼
责任校对：陈　颖

出版发行：经济管理出版社
　　　　　（北京市海淀区北蜂窝 8 号中雅大厦 A 座 11 层　100038）
网　　　址：www. E-mp. com. cn
电　　　话：（010）51915602
印　　　刷：北京市海淀区唐家岭福利印刷厂
经　　　销：新华书店
开　　　本：720mm×1000mm/16
印　　　张：13.25
字　　　数：216 千字
版　　　次：2024 年 11 月第 1 版　　2024 年 11 月第 1 次印刷
书　　　号：ISBN 978-7-5096-9909-6
定　　　价：88.00 元

前　言

PPP（Public-Private-Partnership）是一种由政府与社会主体签订契约，以提供某种公共物品或服务，从而明确双方的权利和义务，并在特许协议的基础上，建立一种伙伴关系，以推动并保证合作的成功，并最终实现比预期的独立行为更有利的效果。PPP 模式最显著的特征是政府的全程参与，这一点已引起国内外的高度重视。PPP 模式可以把部分政府职能以特许经营的方式转交给各社会主体，形成"利益共享、风险共担、全程合作"的共同体，从而减轻政府的财政负担，防范社会风险。

随着 PPP 模式的快速和全面扩展，在项目前期决策阶段，通过对 PPP 项目的实际价值进行评估，确定是否可以采用 PPP 模式。在我国，以价值为衡量标准的价值评估系统，是衡量工程是否可以采纳 PPP 模式的一个重要指标。目前，世界各国已经形成了比较统一的决策方式，以确定工程项目是采取 PPP 模式还是采用传统的政府采购方式。我国虽然已有物有所值（Value For Money，VFM）评估制度，但国内 VFM 的发展起步较晚，目前的 VFM 评估制度还存在一定的缺陷，如 VFM 政策环境薄弱、VFM 评估系统不健全等。加之缺乏数据以及计量模型还不成熟等原因，与国际上相比只能是初级探索阶段。因此，在我国进一步完善 VFM 评价体系对进行 PPP 项目决策具有关键意义，对其进行研究也具有重要的理论价值和实用价值。本书以我国 PPP 项目 VFM 评价的现状为出发点，通过对 VFM 评价理论的研究，借鉴国际上比较成熟的 PPP 模式 VFM 评价体系，指出了

VFM 评价体系的局限性，对我国 VFM 评估系统中的问题及其成因进行分析。

为探究问题的解决办法，本书通过收集整理国家财政部政府和社会资本合作中心公布的六个示范项目的 VFM 评价数据，并对其进行深入分析，提出了我国 VFM 评价体系的改进方向和思路。考虑到这项研究的局限性，国外和国内的研究都只从某一个方面提出了改进措施，尚未形成一个完整的改进体系。为了解决目前评价体系的局限性，本书探讨性地提出了 PPP 项目 VFM 评价关键技术优化的对策建议，主要从 VFM 评价方法体系、VFM 定性评价及 VFM 定量评价三个方面展开。一方面，提出了 VFM 评价应增加社会效益这一指标，介绍了 PPP 项目社会效益评价的操作方法，并改进了此类项目的 VFM 评价程序；另一方面，采取分阶段进行全生命周期 VFM 评价，对 VFM 评价进行动态修正的理念，简要介绍了采购阶段 VFM 评价的内容和侧重点。通过对"重庆市某非经营性道路 PPP 项目物有所值评价"及"基于价值工程 PPP 项目 VFM 评价体系"的实例数据进行计算和分析，验证了本书提出的我国 VFM 评价体系改进的合理性与可行性。本书通过研究发现前期决策阶段 VFM 评价的不足，结合项目管理经验，提出了 VFM 评价从决策手段向项目管理手段转变的理念，为下一阶段的 VFM 评价提供了参考，从而使我国 VFM 评价体系更加完整、更具有延续性，以达到 PPP 项目最终物有所值的目的。

本书在研究和写作过程中，得到了中国财政科学研究院 PPP 研究所彭程所长、清华大学王守清教授、大连理工大学宋金波教授、西安建筑科技大学胡振教授等国家库专家学者的大力支持、指导和帮助；研究生凌征武、袁武、刘妍娜、魏红倩、阮璐、田华、褚韬、肖广平、熊瑛、陈艳、王鹏恭、罗珊、张平、张桢祺、张秀芳、张文苑、刘海双、毕继芳、袁浩、蔡燕、蔡雨珈、黄文婷、曹蓓、王喆、胡凌霜、许睿琦、刘瑶、胡劢、王雨涵、蔡雨珂、唐蕾、陈曦薇、张萌、柯玲娟、涂巧柔、康甜、付媛媛、王延明、洪清填、向天清、路清泉、杨杰、俞翔、欧阳愧林、程咏春、李华彬、李林英、汤巍、黎兴松、李俊忠、龚新爱、王维宇、黄国先、刘琴红、李攀、黄静宇等进行了大量的资料收集和调查研究工作，付出了辛勤的劳动；特别是张秀芳、张平、张萌、胡劢、王雨涵、胡凌霜、许睿琦、蔡雨珂、陈曦薇等同学为本书的书稿校正等做了大量的工作。我们在此表示由衷的感谢！本书写作过程中还参考了大量的相关文献和资料，得到了国内外海量专家的支持和帮助，恕在此不一一致谢！

当然，本书还有诸多方面需要继续推进研究，我们也将在今后的研究中逐步完善；同时敬请各位领导、专家教授、实际工作部门的同仁多提宝贵意见。谢谢！

周正祥

2024 年 5 月 31 日于柳月湾

目　录

第一章　绪论

第一节　研究背景及意义

一、研究背景

PPP 是在公共基础设施领域中政府和社会资本合作的一种项目运作模式。PPP 是 20 世纪 80 年代出现的一种新型的、以市场为基础的公共领域和准公共领域的服务。在项目运营模式下，鼓励私营企业、私人资本与政府合作，参与公共基础设施的建设，以达到政府与社会资本的协同效应大于个体行为的总和。公私合营这种模式，由于政府参与了公共基础设施建设经营的全过程，其优势显而易见，从而受到了国内外的高度青睐。近年来，鉴于 PPP 模式在国外应用取得的显著成效，我国在借鉴国外经验的同时，中华人民共和国财政部（以下简称财政部）和中华人民共和国发展和改革委员会（以下简称国家发展改革委）采取了相应的措施，从而推动了 PPP 模式在我国基础设施建设经营中的应用。在项目管理、融资等方面，社会资本具有其独特的优势，这是政府资本所不能达到的，通过利用 PPP 模式建设经营公共基础设施，可以极大提高公共基础设施项目建设的效率，这里体现了"物有所值"的概念（Value For Money，VFM）。当然，PPP 模式并不是万能的，一项公共基础设施建设项目是否适用 PPP 模式建设与经营，是需要经过一系列估算的。

改革开放后，我国经济得到了快速发展，城市化进程也随之加快。国家统计局发布的历年《国民经济和社会发展统计公报》数据显示，我国城镇化率由 1990 年的 26.41% 快速发展到 2018 年的 59.58%。在我国城镇化水平不断提高的情况下，对公共基础设施建设的投融资需求也相应扩大，可是相应的国家财政资金没有保证，这在一定程度上加剧了二者的矛盾。随着经济发展速度和发展质量的不断提高，居民对于日常生活水平的要求也越来越高，从而相应地提高了对公共基础设施数量以及质量的需求。在这种情况下，公共基础设施建设需求的提高对政府资本就有了比较大的需求，但政府的财政能力是有限的，如果仅仅依靠政府资本来支持基础设施建设，这会在一定程度上影响基础设施的建设效率以及运营质量，根本无法满足市民对基础设施建设的要求。

在公共基础设施建设方面，社会资金和政府资金的结合，能够有效地化解地方政府债务危机，同时通过发挥社会资本的管理以及筹融资优势，极大地提高基础设施建设水平与质量，推动城镇化的高质量发展。鉴于社会资本和政府资本合作有着双方单独行动无可比拟的优势，相关部门正在大力推行 PPP 模式在公共基础设施建设和提供公共产品服务中的应用。因此，可以说 PPP 模式的产生与运用是有其需求基础的，它可以有效缓解政府财政资金的压力，并且分担一部分本应该由政府承担的风险，再加上合作产生的优越性也是政府与社会资本单独行动所不能达到的，因此 PPP 模式符合社会发展和人文需要。从 2014 年开始，国家相关部门陆续发布了一系列关于指导、规范 PPP 模式在我国如何更好地运用与发展的相关文件及相关政策。这些文件与政策对于促进 PPP 模式在我国的高效实行意义重大。例如，《关于在公共服务领域推广政府和社会资本合作模式的指导意见》（以下简称《意见》）中清楚地表明，在某些公共服务领域，应该加大 PPP 模式的实施力度和深度，这些公共服务领域包括文化、教育、养老、卫生、医疗、保障性安居工程、科技、体育、环保、水利、交通运输以及新能源等。这项指导意见使 PPP 模式上升到了史无前例的战略层面。目前，在交通运输行业、市政公用工程以及环保等领域，都有 PPP 项目涉及。截至 2019 年 5 月底，财政部 PPP 项目管理库数据显示，PPP 项目累计达到 9000 个，对应的投资额高达 13.6 万亿元；PPP 项目落地 5740 个，对应的投资额达 8.8 万亿元，项目落地率达到 63.8%；已有 3426 个项目开工，其对应的投资额为 5.1 万亿元，开工率达 59.7%。

我国十分重视公益项目，PPP 模式对应的项目绝大多数是公益性的，所以从这一点来看，政府无疑是持支持态度的。众所周知，公共事业的运营本身并没有什么收入，但实际上，大多数 PPP 项目都是通过与土地资源相结合来实现自己的运营和发展。面对这样一种高风险的组合，有关国有企业和中央企业的投资管理委员会是无法接受的。因此，在融资上，政府资本对 PPP 项目的态度很明确，要求其物美价廉，基准利率 5.9% 是最合适的融资成本，这样的基准利率对于一些政策性银行来说是可以在它们的承受范围之内的；但是对于基金、信托以及商业银行等来说，由于它们只能提供 8% 的资金成本，因此无法与项目达成一致。在市场经济下，企业都是逐利的，是以利益为先导的，企业资本在参与 PPP 模式过程中，非但不能获得丰厚的利润，甚至成本也难以收回，基于此，公司资本或社会资本对 PPP 项目不愿投资而只是采取观望态度。

在这一背景下，国内外学者对 PPP 项目进行了较多的理论研究和讨论。目前，我国采用的 PPP 模式与传统的公益项目相比，存在一定的差异。从评估的内容来看，在传统的公共工程模式中，项目的经济性分析是重点，在收益性的角度上则不太重视；在评估的方法上，费用效益法作为一种传统的公共工程评估方式，存在着一些弊端，即它无法实现公平的分配；从评估的过程来看，在传统的工程模式中，只注重对工程的经济性进行可行性分析，而不能对工程的适用性进行评估和分析。在此基础上，对 PPP 模式的评估，不能完全按照传统的公共工程评估方法进行。PPP 项目投资金额大，合同履行周期长、过程复杂、风险高、不确定性大，因此对其进行科学、合理、准确的分析显得尤为重要和必要。在财政部《关于印发政府和社会资本合作模式操作指南（试行）的通知》中，明确提出了要加强物价值评估工作。通过比较传统的政府项目和 PPP 模式，从各个角度来看，一个公共项目是否适合 PPP？如果采用 PPP 模式，那么它的性价比如何？这就是价值评估。VFM 评估方法是衡量一个公共事业项目是否适用的关键指标，因此，对 VFM 评估方法进行深入的研究具有一定的实践和探索价值。

为了有效地实施政企合作模式，国家发展改革委在《意见》中明确提出，为提高政府投资项目的效益，促进城镇化的发展，各地方政府可以尝试建立 PPP 项目的联审联办工作机制，主要从项目的必要性、PPP 模式的适用性等几个方面进行经济可行性评估。

二、研究意义

由于目前我国的公共基础设施建设水平偏低、进度缓慢、地方财政资金紧张，因此 PPP 具有一定的发展基础，近年来也取得了一些进展。自 2013 年起，为了促进 PPP 模式，对 PPP 项目的 VFM 评价受到了越来越高的重视，目的在于保证政府资本以及社会资本的使用效率。由于 VFM 评价是衡量一项公益性项目是否适合采用 PPP 模式的关键性指标，因此对 VFM 评价的理论与实证研究就显得尤为必要。与传统模式相比，PPP 模式可以有效地缓解了政府财政资金的压力，并且由于社会资本本身的优越性，相应地提高了公益性工程项目的施工质量以及后期运营的保证，同时加快了项目的建设速度，还分担了一部分本该由政府分担的风险，这些都是 PPP 模式的贡献。由于 PPP 模式涉及社会资本和政府资本的共同投资，其项目谈判周期长、谈判成本高，因此可能会导致项目并不会很顺利地向我们预期的方向发展。基于此，一项公益性工程项目是否应当采取 PPP 模式，就需要对 PPP 项目进行物有所值评估。PPP 模式具有的先进理念，即实现投资双方共同的价值利益所得。此外，相关监管层也给出了对 PPP 模式进行评价的指导，鼓励政府在多方面应该参考借鉴 PPP 模式的优越性。所以，加大力度对 VFM 评价的探讨和研究对推动我国 PPP 模式的发展和高效运转具有很大的现实意义。

PPP 模式的核心理念是物有所值理论，它是一种技术手段，是政府用来评价一项公益性工程项目以及公共服务是否可以由传统的采购模式转变为采用 PPP 模式，主要回答是否适合于采用 PPP 模式的问题以及判断是否有必要采用 PPP 模式。PPP 模式在各国和地区的推广使用与否，直接关系到 PPP 模式的可操作性。政府在提供基础设施和公共服务时，会对建设项目进行 VFM 评价，只有当采用 PPP 模式切实可以达到物有所值的效果时才会予以采用，否则就要采用其他的采购方式。《财政部关于推广运用政府和社会资本合作模式有关问题的通知》（财金〔2014〕76 号）明确要求应当"积极借鉴物有所值评价理念和方法"；《财政部关于印发政府和社会资本合作模式操作指南（试行）的通知》（财金〔2014〕113 号）重点强调，在项目分析过程中，政府应当对 PPP 模式进行 VFM 评价。VFM 评价在降低投资风险、优化投资决策、降低和控制成本、提高资源利用率等方面具有很好的应用价值。公共部门基准评价法（PSC 法）是目前国内外对 PPP 项目 VFM 评价的一种常用的评估方法。其基本原则是通过对质量、价格、时间、风险分担等因素进行综合分析，确定一个基准价格，并在此基础上对其他采购方式进行成本或与基准价格进行对比，得出 VFM 值。当 VFM 值大于零时，说明采用 PPP 模式的项目投入要小于其他采购模式，因此该项目建设可以使用 PPP 模式来提供。

但 VFM 评价方法由于在国内的发展不够成熟，还存在诸多问题。就 PSC 值来说，它作为基准价格工具，在与其他模式下的项目投资成本相比较时，也存在一定的局限性，因为最终得到的 PSC 值是在一系列假设条件下才得到的，并且在测算风险价值时，存在比较强的主观性。此外，建设周期长、项目建设复杂程度高以及不可预见性都是 PPP 项目的特征，因此 PSC 值会随着某些条件的变化而变化，导致计算结果有时候并不是那么可靠。因此，当某些条件发生改变时，对 PSC 值也进行相应的调整就显得尤为必要。

综上所述，重视对 VFM 的概念、评价方法以及实践的关键技术优化研究，是推动 PPP 模式在我国健康发展的重要环节，这将极大地促进与规范 PPP 模式在我国的推广与应用，同时这些研究也具有重要的理论意义与实践意义。

（一）理论意义

从我国目前的情况来看，学者和专家对于 VFM 评价体系的研究相对来说较少且大都处于起步阶段，多以理论分析为主。我国 VFM 评价体系并不成熟，如政府等相关职责部门并没有从制度层面上为 PPP 项目评价提供明确的指导，尚无统一的、行之有效的法律和法规对 PPP 项目的决策过程进行评估。本书通过对国内外有关 VFM 评估体系的研究，结合我国的具体情况，给出了一些切实可行的政策建议，以优化 PPP 项目的决策系统。

（二）实践意义

由于基础设施具有专业性、复杂性、投资规模大、社会影响力大等特点，因此在公共基础设施的建设和运营上，必然要花费巨大的财力和时间。因此，在 PPP 项目的前期 VFM 评估中，政府应该更加关注，这样既能使 PPP 项目的资源得到最大限度的发挥，又能满足社会公共利益的需要。因此，本书结合几个行业中的 PPP 项目，从 VFM 的基本原理出发，对 PPP 项目的评价进行了探讨，并对其关键技术进行了优化，为政府制定项目评价体系、合理选择项目采购模式、促进 VFM 评价的优化提供了参考。

第二节　国内外研究现状述评

一、国外研究现状

英国是第一个对 PPP 项目进行研究的国家。自 1990 年初以来，全球出现了 PPP 的风潮，全球 PPP 的整体规模不断扩大，其应用领域涵盖了公益项目和公共服务。如果要给全世界应用 PPP 模式的国家从市场成熟度方面进行一个梯级划分，可以分为三个梯级。第一梯级是政府资本与社会资本合作的复杂程度最高以及 PPP 模式应用范围最广且活动程度最高的国家，如英国和澳大利亚；第二梯级是政府资本与社会资本合作的复杂程度及其活动程度与应用范围次于第一梯级的国家，如日本、德国、美国、加拿大、法国、爱尔兰、新西兰、意大利、荷兰等，这些国家的 PPP 市场成熟度较高；第三梯级是政府资本与社会资本合作复杂程度较低，应用范围较小活动程度较低的国家，如印度、匈牙利、比利时、南非、丹麦等，上述国家的 PPP 市场成熟程度不高。在随后的几十年里，对 PPP 模式理论与实践的研究渐趋成熟，对其研究程度也越来越深，范围也越来越广泛，这些都主要发生在西方发达资本主义国家，其中最具代表性的国家是 PPP 模式起步最早的英国。

VFM 作为一套标准的评价指标体系，当需要提供一项公益性基础设施建设项目时，其可作为究竟采用何种采购模式的一种判断标准。英国是最早把 VFM 作为功能性工具的国家，并且随着实践的发展，VFM 的评价过程也不断得到完善，发展成了一套标准的 VFM 规范体系。在英国，对社会资本参与公共基础建设的较早研究是德米拉格和哈达罗。他们计算了英国国家安全局所使用的私人主动融资（Private Finance Initiative，PFI）模式，包括会计处理和物有所值评价的研究。VFM 明文规定：在一项公共基础建设项目的整个生命周期内，其目标实现程度与各种成本费用之间的最优组合。这一定义来自 2004 年由英国财政部公布的《资金价值评估指南》，这套指南对 VFM 评价体系做出了一系列科学完整的论述。2008 年，通过应用物有所值理论，英国政府利用 PPP 模式提供交通、健康、能源环境、学校等领域的公益性工程项目，共实现了 500 万欧元的价值增值。英国财政报告分析指出，在 2010～2011 年，英国政府等相关部门通过利用 VFM 评价是否采用 PPP 模式以提供一项基础设施，如果采用 PPP 模式，则与其他采购模式相比，将节约 350 万欧元。近年来，英国、美国、韩国、日本、南非、澳大利亚等国家对 PPP 模式的 VFM 评估系统进行了深入且细致的研究，并制定了相关的评估制度和程序。VFM 的量化评估方法是以 Excel 为基础，建立 VFM 量化评估系统，以判定某一工程项目在辨识期是否适合 PPP 模式，进而进行 VFM 评估。

为了保证 VFM 评价体系的可信度，一项基础设施建设项目是否适合于采用

PPP 模式又主要是决定于公共部门比较值（Public Sector Comparator，PSC）的计算结果。为此，澳大利亚维多利亚州政府相关职责部门给 PSC 值作了明确的定义，确定了其组成部分、计算流程与细则以及关键点分析。最后的结果是，是否采用 PPP 模式提供基础设施，在很大程度上依赖于 PSC 和 PPP 合同中的 PPP 价值。VFM 的评价方法需要进行包括项目融资假设、项目现金流的假设、项目成本的估算、风险分担和量化、价值的估算。南非财政部认为计算 VFM 评估的程序首先应是在进行风险调整的同时得出基本的 PSC 值，同样地，在风险调整的前提下计算 PPP 值，最后实施敏感性分析以及最终的 VFM 评价。爱尔兰政府则采取了另一种方式，它的要求更加苛刻和细致，需要对 PPP 项目进行四个阶段的 VFM 评估和验证；第一个阶段是对 VFM 的定性分析和评估；第二个阶段为 VFM 的量化和评估；第三阶段和第四阶段是对中标后和签约后的 VFM 进行量化的分析和检查。新西兰财政部对 PSC 值的观点较为悲观，因为它对 PSC 的可靠性进行了深入的分析，认为 PSC 值的可靠性比较难以掌握。Ismail 等（2010）提出了 PSC 值计算的关键性因素和其组成部分，得出结论是在通过仔细对比分析爱尔兰和南非等国家的 VFM 的评价体系的基础之上的。Medda（2007）提供了一个关于 PPP 招标合同仲裁的博弈模型，他分析了 PPP 项目合作各方在各自利益目标前提下的风险分担的情况，提出这一设计的主要原因是 PPP 项目的风险分摊是一个协商的过程。Grimsey 和 Lewis（2005）结合实践，详细阐述了 PSC 价值的构成和假定条件，并深入分析了 VFM 评估中存在的一些实际问题，并根据 29 个国家和地区 VFM 的评估方法进行了深入的分析。Yuan 等（2009）提出了 15 个影响 PPP 项目 VFM 评价的因素，他们的研究成果来自对大量关于 PPP 和 VFM 评价的文献的研读以及实证案例的分析。Lam 等（2007）提出了一系列针对 PPP 项目的风险控制指标，并在此基础上对风险进行了科学、合理的配置。Coulson（2008）较全面地分析了英国 PFI 投标标准和 VFM 的定量分析中的折现率确定、风险分配与量化等关键问题和因素。

　　Grimsey 和 Lewis（2005）结合实践对 PSC 值的组成部分和前提假设条件进行了详细的阐述，也对进行 VFM 评价过程中遇到的实际问题进行了深度剖析，研究结果主要是基于借鉴了 29 个国家和地区的 VFM 评价体系。Lam（2007）提出了一套指标体系，这套指标体系是为 PPP 项目各方风险控制情况服务的，同时对 PPP 项目的风险进行了科学合理的分配。Coulson（2008）对英国 PFI 招标准则及 VFM 定量评价中折现率确定、风险分配和量化等关键点和要素进行了深入剖析。

随着 PPP 在世界范围内的迅速发展，国外许多学者也纷纷提出了自己的看法，为促进 PPP 和价值评估的发展作出了有益的贡献。Visconti（2014）论证了财务创新、通货膨胀、投资框架以及法律稳定等定性因素对 VFM 评价中的定量因素的影响。Ismail（2013）细致地研究了 VFM 的关键性因素和 VFM 的作用机制。Ismail 等（2009）对马来西亚 VFM 的评估系统作了一些改进，其改进是基于日本、英国等国 VFM 的评估系统，并指出规范计算 PSC 值的相关指导文件应当充分考虑 VFM 驱动因素。Cheung 等（2016）提出，对 VFM 产生最大影响的五个关键性因素分别为民间资本方的科技创新水平、投标竞争情况、风险分担、民间资本方的管理水平以及 PPP 项目的规范程度，他们的研究集中在 VFM 的影响因素上。Hu 等（2014）提出，对 VFM 评价影响的四大因素分别为投资规模、项目利润、独立性水平以及公共部门，他们的研究成果来自对日本 PPP 项目的实际案例分析。Nisar（2007）等建议，应从专业知识、风险转移策略和可负担能力三个层面来提高 VFM 评估的可信度。Atmo 等（2014）详细地归纳和分析了 VFM 评估系统中的竞争中性因子识别和调整、折现率选择、风险识别与定量。

物有所值的概念并不是一直受到全部肯定的，有一些学者对其持有怀疑态度。例如，Grimsey 和 Lewis（2005）的疑惑点是 PPP 模式中折现的确定问题，他们认为英国的 PFI 项目是一项长期投资，在这个过程中，有许多不确定性因素或不可控的变量（如信用风险以及操作风险等），所以产生了机会成本，故以长期贷款利率为折现率显然是不够准确的。

尽管 VFM 理论慢慢被越来越多的国家运用，但是仍有一些学者对该理论持一定的怀疑态度。Khadaroo（2008）没有单纯关注 VFM 的具体价值，他认为当前对于 VFM 的评判都过于定性化，这是一种用主观想法去评价 PPP 模式，缺乏实际的数据资料，而只有实际的数据资料才更加有可信度。

定量分析是 VFM 评价过程中最复杂的部分，目前被国际上普遍采用的用来进行 VFM 定量分析的三种评价方法如下：成本效益分析法、公共部门比较值法、商业案例清单法。

（一）成本效益分析法

一般来说，如果想要评价一项公共基础设施项目的社会效益，就需要通过对比该项目的全部成本与该项目产生的全部社会效益，最后找出最优的投资决策，以最少的费用得到最大的回报。一般来讲，成本效益分析法在收益率的确定、量化指标的选择以及评判项目等方面会存在一定的差别，如总成本现值、总收益现值、净现值以及总收益与总成本比值都可以作为评判指标。总收益现值和总成本现值的差额就是净现值（NPV）。当需要确定对某个项目确定采用何种模式时，都要对该方案产生的总成本与总收益进行量化并且根据资金的时间价值计算出其现值，这是采用成本效益分析法所需要的流程。成本效益分析法作为在国际上很多国家普遍采用的一种价值评价方法，其理论体系比较成熟。但是，该方法也具有一定的局限性，就是其最终结果的获得需要一系列假设前提条件和大量的数据资料，因此其计算工作量比较大，而且在数据资料来源和价格精确度上也有一些缺陷，最终导致该方法的应用也受到一定的限制。

（二）公共部门比较值法

英国、荷兰、德国等国家广泛采用的 VFM 评价方法是公共部门比较值法，公共部门比较基准是一种技术架构，主要是为了验证社会资本参与到提供公共基础设施是否比传统捆绑采购模式具有一定的优越性。社会资本涉及的企业是否会或者是否应当参与提供一项基础设施项目的建设与经营是这种技术架构所决定的，该技术体系结构在很大限度上依赖于私营企业所采用的决策模式。

在财政部的正式定义下，PSC 是指政府在整个生命周期内，按照传统的采购方式，为公共物品和服务提供的总成本，包括建设运营净成本、可转移风险承担成本、自留风险承担成本、竞争性中立调整成本。VFM 反映了 PSC 值与在 PPP 模式中预期的全生命期内费用（Life-CycleCost，LCC）之间的差异比较，也就是

VFM＝PSC-LCC。PSC 值是净成本金额。

它包含四大要素：

1. 初始 PSC

建设、运营、维护成本和资本减值等都包括在项目的基础费用（资本投入和经营投入）里，该基础费用不包含风险成本。在第一次计算 PSC 值时，必须假定工程与 PPP 模式所提供的工程是一样的，而且工程标准、要求和截止时间都是一样的。初始 PSC 值包含了一个项目在整个生命周期内的预期资本和运营费用，其决定了公共采购选择方式下的成本。

2. 可转移风险的成本

风险的总价值是指本应该由政府资本承担的那一部分风险，转移到了社会资本上去从而产生的总价值。将风险分配给最能驾驭风险的一方，也就是可以以最小的成本来承担风险的那一方，这是风险控制的最核心所在。可转移性风险是影响 VFM 的重要因素，它会随着时间的推移而不断地发生变化，从而使谈判各方在签署前能够更好地区分各自的风险。

3. 政府保留风险中的财务和非财务成本

那些由社会资本承担的风险以外的风险价值是政府保留风险，包含运营失败的风险。

4. 竞争中立的调整

为了保证 PSC 与社会资本的投标方案之间进行的是公平与公正的对比，需要将政府公共部门由于自身特殊性（凭借其公有体制而享有的纯竞争优势）带来的优势移除。如果没有做好竞争性中立的调节，那么最后的 PSC 值将会比社会资本部门的报价低。政府资本因其处于公有体制之下而具有一定潜在竞争优势，主要体现在以下方面：其覆盖性资本支出没有具体的硬性要求、相关土地税豁免优惠、地方政府税收优惠以及其他税收的豁免优惠等；相应地，其也具有一定的竞争劣势，如会计责任成本、公共监管以及报告要求等。排除相对于社会资本，政府资本特有的任何纯竞争优势是竞争中立调整的本质。

综上可知，在 VFM＝PSC-LCC 的情况下，若 VFM>0，即采用 PPP 模式提供一项公益性基础设施相比于采用传统的由政府采购的模式更有利可图，更加物有所值，因此在这种情况下应当采用 PPP 模式；相反，若 VFM<0，相应的 PPP 模式就不宜采用提供公益性基础设施项目的建设与经营。

（三）商业案例清单法

2006 年，英国财政部颁发的《VFM 评价指南》向公众展示了商业案例清单法（Outline Business Case，OBC）。此方法有一套自己的操作流程，首先是政府对拟采取 PPP 模式的试点项目进行初步筛选，向社会企业提供一份项目备选清单，然后由社会资本根据自身情况从该清单中选择自己想要投入资本的项目。对此，我国财政部在《政府和社会资本合作模式操作指南（试行）》中体现类似于英国这部《VFM 评价指南》精神，即相关主管部门通过前期一系列工作评判筛选出一些项目清单，然后在给予企业资本或社会资本自主权的前提下让社会资本自主选择参与哪些项目，只是在项目清单确定后一般采用的是与社会资本谈判的方式进行项目的选择。

二、国内研究现状

与其他国家尤其是英国相比，我国 PPP 模式的起点较晚。20 世纪 80 年代中期，我国的一些公共基础设施项目，如建设—经营—转让（Builol-Operate-Tranfer，BOT）、移交 经营 移交（Tramfcr Opcratc Tranfcr，TOT）等，都是以 PPP 方式进行的。然而，在实际运用中仍有许多问题。导致在工程建设的整体运营出现了许多问题，因此在很长一段时间里，这种模式都无法正常进行下去。

（一）PPP 项目的研究

随着 PPP 模式在世界范围内的流行与普及，我国也紧跟步伐，近些年无论是在实践项目上，还是在相关政策法规支持上，PPP 都是热点，在我国各地得到了相较于以前比较大的推广。例如，在规章制度方面，2014 年 11 月 29 日颁布的《政府和社会资本合作模式操作指南（试行）》，对项目的识别、准备、采购、实施、移交等各个流程进行了清晰的说明；同时在规范 PPP 项目合同管理方面，2014 年 12 月 30 日颁布了《PPP 项目合同指南（试行）》。显而易见的是，近年来，PPP 模式在我国的发展正朝着日益规范且成熟的方向前进，同时也有很多专家和学者对此进行了学术研究与理论探讨。

王灏（2004）结合国内外 PPP 的实践，提出了一种适用于国内的 PPP 模式的分类方法，将 PPP 模式分为特许经营、私有化和外包三大类。选择适当的工程是 PPP 模式成功实施的先决条件，这一点由叶苏东（2006）提出，在最小化的基础上，合理地配置政府资金和社会资金，最大限度地达到各方的目的。郭华伦（2008）提出了 PPP 模式的选择模型，该模型以 PPP 的三个层次结构模式为出发点，对其优缺点、适用范围进行了梳理，并运用了 AHP 的层次分析方法。PPP 模式最终被选择用来提供一项基础设施是有一系列的影响要素的，如项目自身特征、政府资本的能力水平和偏好、相关法规政策以及社会资本等这些因素，这是简迎辉和包敏（2014）在项目生命周期理论的基础上得出来的。张小富（2018）对 PPP 模式的物有所值评价和财政承受能力论证原则重新梳理后，针对两大选择原则的不足之处，提出筛选 PPP 项目的补充性原则，即该项目的目标和产出需要比较清晰的服务对象和明确的区域范围，需要长期可持续运营，项目建设规模大、投资额大，技术相对成熟，主要依靠"使用者付费"等。

结合目前研究结果，总结出在我国 PPP 模式的研究关注焦点主要是以下三个方面：

1. PPP 项目成功的关键因素研究

姚月丽（2005）根据一项使用 BOT 模式提供的基础设施的实践案例分析，得出该项目取得成功的影响因素包括合理地选择项目所带来的经济可行性、良好的投资环境、发起人的经济能力、外汇管理、投资收益率的确定、政府相关法律法规的支持和引导、政府的及时有效的监管。这是许娜（2014）通过问卷调查和数据分析方法得出的：政府的廉洁和可信性、政策的稳定和引导、满足公众的健康和安全需求、积极的外部影响、健全的法律制度是 PPP 项目成功与否的关键。

2. PPP 项目绩效影响因素的研究

关键绩效指标（Key Performance Indicator，KPI）是当前国际公认的工程项目业绩评价体系，它将客户满意度、利润率、生产率、安全、质量、成本、进度等主要业绩指标综合起来，孟宪海（2007）在其研究中作了较为详尽的论述。孙慧等（2012）构建了结构方程模型，该模型的构建是基于项目特征、项目环境以及项目参与人三个角度的，对各影响因子是如何作用于项目绩效作了较为系统全面的分析。刘彦（2013）认为，在22个项目中，企业的经验、政府的信用程度、政府的资金和社会资金的交流是决定BOT项目成败的重要因素。

3. PPP模式的发展问题及对策的研究

叶晓甦和徐春梅（2013）对我国PPP研究的阶段性成果进行了一个比较全面的总结，他从PPP的概念和本质、项目风险分担、治理体系和政府部门监管四个层面展开，在研究的后面阶段，他指出在一些方面我国研究成果还不够，需要进行更深一步的研究，分别是PPP项目的合同框架、PPP项目参与方的利益关系、PPP合作机制以及PPP项目准入门槛方面。周正祥等（2015）从政府、社会资本的角度，对PPP项目的现行法律、法规、价格形成机制不合理、审批程序复杂、审批程序复杂等问题进行了剖析，指出我国政府应当转变观念重视契约精神，建立专业的PPP机构来对PPP项目提供技术支持，要进一步加强对PPP项目管理合同的规范化管理、重视对PPP项目筹融资风险的识别并合理制定风险分担机制。

综上所述，国内对PPP的研究大多停留在理论上，较多侧重于对实际案例的分析和定性描述，缺少定量的、多维的全面对比。

（二）PPP项目VFM评价方法的研究

目前，国内对VFM的评估方法尚不完善，对VFM的应用和理论也越来越关注。随着我国政府对公共基础设施建设项目的采购制度趋于完善，其目标也应该从"节资防腐"向"物有所值"方向发展，这是由姜爱华（2014）提出的。"物有所值"作为判断政府采用何种方式提供一项基础设施的评价手段，是有充分的经济学与管理学理论分析基础的，为了在更大限度上实现"物有所值"，应当由多方发力。

2014年11月29日颁布的《政府和社会资本合作模式操作指南（试行）》中规定，项目进入前期建设阶段，需要经过VFM的评估，并在我国政府财政承受能力范围之内进行。2015 年，《PPP 物有所值评价指引（试行）》（以下简称《指引》）对 PPP 项目 VFM 的评估过程进行了明确，并编制了相应的质量评估指标和专家评分表格，为 VFM 评估系统的推广和应用打下了坚实的基础。但是，这同时反映了现阶段 VFM 评价以定性评价为主，在定量分析流程与细则方面还没有作出详细的政策指导。2016 年财政部发布的《政府和社会资本合作物有所值评价指引（修订版征求意见稿）》（以下简称《新指引》），相比 2015 年的《指引》发生了较大变化。2015 年的《指引》规定，在项目启动后 3~5 年，对项目的价值实现情况进行评估，并将其纳入中期评估，规定中期评价可以不包括定性评价。在《新指引》中，财政部还在定性评价基本指标中增加了一项"项目内资产相关度"，即将《指引》中的 6 项定性评价基本指标增加为 7 项；同时进一步介绍了定量评价的详细指标，但是在《新指引》中仍没有对定量评价的具体操作做进一步的阐述。

财政部政府和社会资本合作中心在 2014 年出版的《PPP 物有所值研究》中对 VFM 的含义、评价体系、应用情况、驱动因素以及局限性等进行了论述，同时对各国和区域 VFM 的定量分析和定性分析的方法进行了对比，对其建立的公共部门比值和影子报价进行了研究，并对折现率、风险分担与量化、竞争性中立的调节等关键因素进行了初步的讨论。

伴随着与 PPP 模式相关的理论与实践在我国的发展，学术界越来越重视对 VFM 评价体系的研究，专家学者对 VFM 研究的深度和广度都在不断加强。但由于目前我国 PPP 项目尚不成熟，诸多学者从 VFM 评价方法的体系流程、方法方面分别提出了自己的问题和建议：

1. VFM 评价方法的体系流程方面

李佳嵘和王守清（2011）在借鉴澳大利亚和英国等国家的基础建设项目的 VFM 评估系统的基础上，结合国内现有的 VFM 评估框架，对其进行了修正和完善，为国内 VFM 评估系统的建立打下了一定的理论基础。孙慧等（2009）、袁竞峰等（2012）、苏汝劼和胡富婕（2017）、桑培东和张鹏（2017）对 VFM 的评估方法进行了归纳，如成本—收益法、公共部门比较价值法（PSC）、商业案例清单法（OBC）、竞争性投标（CB）等，并分析了各个方法的适用范围和优缺点，重点介绍了 PSC 法的应用。申玉玉和杜静（2009）通过对 PPP 模式融资价值的分析，认为目前我国 PPP 模式的投资评价效果并不理想，从而导致部分 PPP 项目的投资失败。他们从失败的经验中得出结论，PPP 项目的成败在于前期的资本评估，也就是要验证 VFM 评估的合理性，以及能否通过具体的金融计量来评估 PPP 模式。其研究还对我国出台的与 VFM 评价相关的政策性文件进行了梳理与总结，并由此建立了合理的 VFM 评价框架与流程，加上对 PPP 实践案例进行分析得出一种具有动态与静态相结合的特征的 VFM 的计算流程与公式。高会芹等（2011）、刘勇等（2015）为构建和完善 VFM 评估机制提供了明确的理论依据，并通过对全球 VFM 评估系统进行了一系列的类比性研究。王盈盈等（2012）对 PPP 项目在识别阶段实施 VFM 评估的实践进行了总结，指出了其中的不足之处，从而推动了 VFM 评估系统的进一步发展。此外，他们对我国 PPP 项目 VFM 评估的现状进行了深入的研究，并根据具体项目的实际情况，提出了一种具有较高实用性的 VFM 评估系统，并给出了基于 VFM 的 PSC、LCC 的理论计算公式，为 VFM 的应用打下了坚实的理论依据。崔彩云等（2017）提出了 PPP 项目全生命周期 VFM 评估体系，将 PPP 项目的评估分为项目识别、前期准备、采购、实施、交付五个阶段，并对项目实施过程进行了详尽的说明。彭素（2017）指出，因为 VFM 评价是一种定性评价，其评价缺乏基础数据并且现行的 PSC 值的计算方法在很多方面存在不足，如 PSC 值的计算结果完全基于假设，对可转移风险的度量极其依赖，并且采用点估计计算出来的 PSC 值不一定具有稳健性；最后因为合同周期长是 PPP 项目的一大特点，在长时间内，如果只考虑金融领域的问题，如成本估计、贴现率、风险分担等就不能全面地概括 PPP 项目的全部风险。因而，在目前研究成果的基础上，本书可以定一个可信度较高的 VFM 值，该可信度由专家进行的打分确定，力保其客观性和普遍适用性。所以，如果一些关于 PPP 模式的 VFM 定性指标评分较高，但是 VFM 值为负时，此时也可以采用 PPP 模式。

2. VFM 评价方法的定性评价方面

国内关于 PPP 项目 VFM 定性评价的研究主要集中于指标内容选择和权重确

定方面。《指引》中指出了六项基本定性评价指标，即全生命周期整合程度、风险识别与分担、鼓励创新与绩效导向、潜在的竞争程度、政府资本的能力、融资性的高低。另外，包括项目规模的大小、预期的使用寿命长短、关键性固定资产的种类、全生命周期成本运算的准确性、运营收入未来增长的可能性以及行业示范性六项补充性定性指标。史富文（2018）和吴洪樾等（2017）则认为，该《指引》中列出的 12 项定性评价指标不具有全面性和系统性，在某程度上还有待补充，并且这些评价指标的概念解释不够细致与充分，因此内涵较不明确，对其的具体判断标准还不够充分。袁竞峰等（2012）重新建立了一套物有所值定性评判问卷，该评价理论包括如何合理地规避风险、增强市场竞争活力等因子，这一成果建立在大量数据分析和实践案例论证的基础上。罗涛等（2017）、刘秋常等（2018）根据我国城市水生态 PPP 模式的特点，构建了与城市水体特性相适应的 VFM 质量评价指标体系，采用不确定型层次分析法（Analytic Hierachy Process，AHP）对最终评估指标进行权重计算，最后采用加权专家评分法进行 VFM 评分。马世骁等（2018）总结出一套适用于综合管廊项目的评价体系，为了体现影响因素的全面性和层次性，将评价指标体系分为目标层、准则层和指标层三个层次，并构建了全面且多层次的 PPP 模式下综合管廊项目 VFM 定性评价指标体系。轨道交通项目是我国重点发展的公共交通基础设施，具有明显的行业特色和社会影响，李坤等（2018）、杜静和吴洪樾（2016）根据轨道交通的特性，提出了轨道交通 VFM 的质量评估指标体系，指出了可融资性、风险辨识和分配权重的比重越高，对铁路 VFM 的影响越大，而潜在的竞争水平越小。指标权重是指标在 VFM 评价过程中不同重要程度的反映，是确定 VFM 评价决策的关键之一，因此国内很多学者对 VFM 评价指标权重的确定进行了研究。杜静和吴洪樾（2016）认为，由于我国对 VFM 评价的研究尚处于初步阶段，缺乏有力的数据支撑，采用专家打分法与指标评分相结合确定指标权重是易于操作且实用性较强的。

3. VFM 评价方法的定量评价方面

袁竞峰等（2012）主要研究 PSC 和 PPP 数值的计算流程及组成，并对其中的关键环节进行了细致的分析。高会芹等（2011）将 PSC 值与折现率、风险分配进行了相关的敏度性分析，认为 PSC 因子对 VFM 的评估在一定程度上具有一定的不确定性。孙慧等（2012）借鉴并利用其他国家的 VFM 评价体系的情况，结合我国实际，做了一系列的分析，最终对 PSC 值的计算进行了一定的修正，从而提升了我国 VFM 评价在评价工程建设项目过程中的实用性和准确性。孙晓丽（2013）建立了一套适合废水治理 BOT 的 VFM 评估系统，并根据该系统的实际运行情况，对 VFM 系统中的 PSC 值组成进行了分析和定义。刘广生和文童（2013）将财务分析与 VFM 评估流程结合起来，在一定程度上对折现率和风险价值进行了处理，以提高绩效。钟云等（2015）在确定了 VFM 的基本原理和计算步骤后，根据 PPP 的特点，对其进行了具体的实证分析和计算。许娜（2014）详细分析和论证了 PPP 模式在城市基础设施建设中的关键因素。此外，罗媛媛（2017）、胡有志（2017）、梁玲霞等（2018）、张奥婷等（2018）分别对污水处理、市政道路、城镇棚户区改造以及特色小镇 PPP 项目中 VFM 定量评价进行了研究，指出了 PPP 模式在不同领域应用时，进行定量评价需要注意的问题。应益华（2018）认为，定量评价应当建立在预测的基础上，通过参考同类工程的历史资料，对其进行必要的调整，包括寿命周期成本、风险转移程度、风险调节贴现率等。比较明确的定量评价标准必须要建立，同时经济、社会和环境因素影响以及项目本身的获利能力和盈利的分配模式也应当充分考虑进来。静态的评价体系是目前评价体系所具有的普遍特色，这种静态的评价体系缺少敏感性分析和情境测试，如果政府与社会资本在进行资本串通或者政府资本存在操纵行为的话也是无法识别的，另外，交易成本、契约管理成本和额外的融资成本也应当考虑进来。但在计算 PSC 和 PPP 项目的年现金流时，要考虑到资金成本差异、不确定性、资产专用性等因素，导致了各方面预期收益率的差异，因此，从政府视角和私人资本视角测算 PPP 值中各年运营补贴支出时使用的年度折现率应该不同。因此，在测算 PPP 项目的运营补贴费用时，需要综合考虑项目的风险、不确定性、融资成本、资产专有性等因素，该折现率应高于测算 PSC 值时的折现率。

（三）综合评述

从以上的论述可以看出，对 VFM 评价体系的研究在国外已经趋于成熟且成果丰富，主要集中于体系的含义、构成、计算程序、关键点分析、优缺点以及改进方法等细则，这些学术成果促进了 VFM 评价体系在 PPP 项目中的实践运用与发展。仔细观察国外学者的研究重点可以发现，其对物有所值的研究主要集中于对物有所值评价的不足这个方面，并且在具体分析的前提下，再寻找优化政策来对物有所值评价体系进行优化。此外，由于该评价体系需要大量的历史数据作为评价的支撑，因而不能在我国获得较好的发展，所以我国 PPP 项目的 VFM 评价体系不能生搬硬套国外的成果，必须结合自身特点进行相应的调整。国内基于 VFM 的相关研究主要集中于世界各国的实践案例的基础上，对 VFM 评价现状、存在的问题以及基本原则的分析，只有很少的文献提出了某些适合我国国情的 VFM 评价体系和操作细节，对 VFM 进行详细深入的探讨和对其不足的优化更是少之又少。因此，本书撰写的最终目的是立足于本国国情的基础上，全方位地分析 VFM 评价体系，为提供一套适合我国的且具有我国特色的 VFM 评价体系，希望可以给政府部门在公益性基础设施项目提供方式选择上提供一定帮助，从而优化我国政府财政资金的运用效率，促进资源的优化配置。

第三节　研究内容和方法

一、研究内容

国内外对 PPP 项目 VFM 评估的研究均已较为丰富，VFM 的定性与定量评价体系也都有了一定的规范化发展，一些国家针对 PPP 模式的采用是否会起到关键性作用进行了研究，列举了 VFM 评价的主要指标，这些研究成果促进了 PPP 模式的发展和成熟。

然而，我国对 PPP 项目的 VFM 评估尚无统一的标准，关于 PPP 项目 VFM 的评估方法的优化研究相对较少。目前，我国尚无关于 VFM 评估的相关法律法规，而财政部颁布的一系列政策也仅仅是一种指导性文件，并没有任何法律效力；尽管财政部在发布《指引》的基础上，针对其中的不足提出了修改意见，于 2016 年 10 月 24 日发布了《新指引》，相比 2015 年的《指引》，财政部在《新指引》中给出了可供参考的 VFM 评价的步骤和参数，将《指引》中的 6 项基本评价指标增加为 7 项，进一步介绍了定量评价的详细指标，但在《新指引》中，对具体的操作流程没有更加细致的阐述，本书在这一部分，我们仍然具有很大的研究空间。

在 PPP 蓬勃发展的今天，各个产业引入了 PPP 模式，并运用社会资金进行综合整治已经成为一种必然。所以，VFM 评价体系如何更好地在基础设施项目决策阶段起到作用、标准合理的 VFM 评价指标体系如何建立、VFM 评价如何准确合理地运用且获得优化都是当下迫切需要解决的问题。本书着眼于 PPP 项目决策阶段的 VFM 评价进行探讨，并引入若干不同行业的 PPP 项目进行案例分析，对项目进行 VFM 评价，并对我国 VFM 评价方法存在的不足进行分析，提出了相应的关键技术优化建议，为 PPP 项目 VFM 评价提供具有可参考性的对策建议，并为后续工作提供思路与想法。

二、章节安排

本书主要包括以下章节：

第一章，绪论。通过对 PPP 项目 VFM 评估的研究背景及意义的研究，对国内外相关研究进行了较为详尽的梳理，并就其研究内容、方法、技术路线等进行了阐述。

第二章，基本概念及相关理论。详细介绍了 PPP 项目、VFM 评价、VFM 评价关键技术优化等的基本概念，以及与之相对应的相关理论，便于对本书的深入理解和阅读。

第三章，PPP 项目 VFM 评价的现状分析。通过收集、整理、分析国内外

PPP 项目的相关资料、文献，对 VFM 评价在国内外的应用现状进行归纳和分析，找出 VFM 评价方法的不足与局限，为 VFM 评价关键技术的优化做好铺垫。

第四章，PPP 项目 VFM 评价案例分析。运用 VFM 评价的相关理论和计算方法，对若干不同行业的 PPP 项目实际案例进行分析。

第五章，PPP 项目 VFM 评价存在的问题及原因。在第四章案例分析后，基于以上案例，但又不局限于以上案例，指出目前我国 VFM 评价方法存在的不足之处，并对原因逐一进行分析。

第六章，PPP 项目 VFM 评价关键技术优化的对策建议。针对 VFM 评价中提出的问题、原因进行总结，有针对性地提出优化我国 PPP 项目 VFM 评价关键技术的对策建议。

三、研究方法

本书搜集了大量的文献资料，结合国内几个行业 PPP 项目的特点进行案例分析；针对 VFM 评价中存在的问题进行修改完善，提出了我国 VFM 评价关键技术优化的对策建议。具体研究方法包括：

（一）文献分析法

文献分析法是一种最终会对事实形成科学的认识的方法，主要包括搜集、鉴别、整理并且分析研究文献。其与内容分析法有相似之处，就是它们有共同的研究对象，都不直接与文献中记载的人与事进行接触，所以二者都称为非接触性研究法。文献分析法通过系统分析与当前工作相关的文献来获得自己所需要的信息，主要包含以下两个阶段：

确定信息来源。内部信息和外部信息是两种信息来源。员工手册、公司管理制度、职位职责说明、绩效评价、会议记录、作业流程说明、ISO 质量文件、分权手册、工作环境描述、员工生产记录、工作计划、设备材料使用与管理制度、作业指导书等都是内部信息；外部信息则是由其他公司或个人对其进行的分析，从而为公司进行工作分析提供依据。此外，目标岗位必须与公司中的典型岗位有很大的相似之处，这两个条件都符合要求，才能确保所搜集到的资料的实用性。

确定并分析有效信息。在如此众多的文献里，我们必须迅速阅读资料以寻找对自己有用的有效信息。如果文献中出现了信息不完全和连贯性较差的部分，应当做好标记，并在以后的工作分析大纲中予以明确说明；对文献中的一些隐含工作内容和绩效标准应当深入加以研究。文献分析有其优点和缺点，优点是获取有效信息成本较低、工作效率高；缺点是文献收集困难，参考文献"选取没有确定指标评价，抽样缺乏代表性"。

本书在大量阅读与研究分析国内外文献的基础上，对本书研究对象的概念、特征、内容等作了全面准确的定义与解释说明，并在借鉴国内外学术研究成果的基础上提出如何对我国 VFM 评价方法进行优化的对策和建议。

（二）对比分析法

对比分析法又称为对比法或者比较分析法，是一种比较真实数与基数的差别，或对事物与人的相似性或相异性进行比较的方法。对比分析法根据一定的标准，对两个或者两个以上有联系的事物进行考究，以发现二者之间的异同，寻求一种普遍的或者特殊的规律，借此了解一项经济活动的成效与不足。对比分析法常用于科学研究活动中，该种方法与等效替代法相似。对比分析法在 MBA 智库中定义是把两个客观事物加以对比分析，以达到对其的本质和规律的认识，并在此基础上做出正确的评价。在《比较教育学》中有一个清晰的比较法定义，比较法是一种以特定的标准，通过比较各国的教育体制和教育实践，发现各国和区域教育的共性和特殊性。很明显，这个定义是比较具有狭隘性的，所以需要对它重新进行界定。相应地，在《社会科学研究方法》里，比较分析法是把两件或多件东西或物体进行比较，寻找相似和不同点的一种分析方法。通过对两个或更多相关的东西的考察，发现两者的相似性，从而寻求一种普遍和特别的法则。根据不同的标准，比较研究方法可以分为多种类型：

（1）单项比较和综合比较。这种分类方法依据的标准是属性的数量。因为在科学研究活动中，要想真正掌握一个事物的本质及其规律，需要对该事物的多种属性进行考究，因为只有这样，才可以真正掌握事物的本质与规律。

（2）横向比较与纵向比较。这种分类方法依据的标准是时空的区别。

（3）求同比较和求异比较。这是一种按照目标的指向进行的分类。

（4）定性比较与定量比较。这种分类方法是按照比较的性质来划分的。定性分析与定量分析二者需要结合使用，应当追求二者的统一。

（5）宏观比较和微观比较。如果按照比较范围来划分，可以分为宏观比较和微观比较。全面地认识一个事物，需要从宏观和微观两个角度去认识。一般来说，对事物的基本框架、本质以及异同点或者基本规律进行比较是一种宏观比较；微观比较则是指对事物的具体细节进行的比较。

本书多处运用到了对比分析法进行分析。

（三）定性分析法

根据预测者的主观判断及其个人分析能力来推定事物的性质和发展趋势的分析方法是定性分析法。这种方法的优点是可以充分展现管理人员的经验和判断能力，缺点是预测的最终结果的准确性比较低。一般来说，其主要适用于那些缺乏完备的、精确的历史资料的企业，通常这些企业首先会邀请熟悉市场情况与该企业经济业务的一些行业内的专家，让这些专家根据个人所积累的经验对当下情形进行分析与判断，提出初步的意见，其次通过开展座谈会等方式，对上述的意见进行修正、补充、解释、说明。

（四）定量分析法

定量分析法，首先通过实验法或者统计调查法，如通过自然科学那般设立自己的研究假设，收集大量精确的数据资料；其次进行整理分析这些数据；最后进行统计与检验。定量分析法的历史很长，但作为一种未被精确定位的思考模式，与定性分析法相比，其优点显而易见，即将所有的事情都界定在可理解的范畴中，因为定量从而定性。

（五）案例分析法

案例分析方法也称个案研究，是1880年由哈佛大学提出的，哈佛商学院在此基础上把它运用到了培养高层管理者和管理精英的教学实践中，久而久之，就形成了现在的"案例分析"。案例分析法是实地研究的一种。研究者选取一种或多种情景作为研究对象，通过系统地搜集数据、资料，进行深入的研究，以探索现实生活中某种现象的状态。适用于"如何改变""为什么会变成这个样子"和"结果如何"等问题。它具有独特的设计逻辑，特定的数据收集，以及对数据的特殊分析。可以是现场观测，也可以是研究文献。本书的研究倾向于质化，在数据收集与数据分析方面有独特之处，包括对多种证据的依赖性，各种数据的证据都要用三角检验方法进行收敛，并得出同样的结论；一般有一个预先设定的理论命题或问题定义，用以引导数据收集的方向和数据分析的重点，重点是对事件的回顾，而不是对事件的操纵，这样既能保持整个生命事件的完整性，又能发掘出有价值的特点。与其他的研究方法相比，可以通过对个案的大量描写和系统的了解，以及对事件的互动和事件的脉络把握，从而得到更完整、更完整的视角。

（六）规范分析法

在经济学中，规范分析是一个常用的方法。但其并不只适用于经济学，而是适用于许多实际情况。美国心理学家皮尔尼克（S. Pilnick）在 20 世纪 60 年代后期向公众展示了一种规范分析方法，这是一种可以对群体的行为进行优化以及促进良好组织氛围的一种手段，是一种经常用于团队建设中的工具，具体地，它一般力求回答"事物的本质应该是什么"，对事物运行状态作出是非曲直的主观价值判断。相应地，有一种经验性的方法，它是对某一种存在的客观性描述。所谓标准，就是对事情进行评估，说明事情是怎样的。规范分析就是在一个普遍被接受的价值准则下，阐明和解释一个在经济活动中应当具备的规范和成果，也就是整个社会对这些问题的研究与解决（于子明，1990）。本书使用规范分析法探究事物的本质。

第二章　基本概念及相关理论

第一节　基本概念

一、PPP 模式

公私合作伙伴关系（以下简称 PPP 模式），即在私营机构与政府之间，为某种公共产品或服务的供应，以特许权协议的形式在彼此之间形成伙伴式的合作关系，为保证顺利完成合作并使合作各方达到利益最大化，通过合同明确合作双方的权利和义务。政府通过特许经营的形式向社会企业转移一部分责任，使社会企业和政府建立"利益共享、风险共担、长期合作"的社会经济共同体，从而降低政府财政负担，降低社会主体的风险。

PPP 模式要求对合作项目进行适当的选择，同时要充分考虑政府参与的形式、程度。我国财政部所确定的 PPP 模式，是一种在基础建设和公共服务方面的长期伙伴关系。

PPP 模式的基础设施设计、建设、运营和维护工作主要由社会资本来完成，并通过"政府付费"和"用户付费"的方式实现投资的合理回报；而政府机关是以政府为主体，对公共设施、公共服务进行价格与品质的监督，以确保公众的利益最大化。

20 世纪 80 年代，西方国家掀起的新公共管理运动标志着现代 PPP 模式诞生，当时的西方政府各种问题频出，如严峻的财政危机、资源配置不合理、行政效率低下等，为解决上述问题，西方政府开始尝试将私人部门引入公共服务领域以推进公共服务市场化，从而达到减轻财政危机、提高政府行政效能的目标。

根据国家发展改革委对 PPP 的定义，政府资金通过采购服务、特许经营权、股权合作等方式，实现与社会资本共享、风险共担的长期合作。由 PPP 模式的定义可以看出：第一，PPP 模式是提供或采购公共基础设施和公共产品服务的一种方式；第二，注重公共基础设施和公共产品服务的效率是 PPP 模式的特点；第三，强调政府资本与社会资本之间的共同合作关系是 PPP 模式的又一大特点；第四，引进私人部门的资金与技术是 PPP 模式的重点，但是其更大的特色是强调政府资本与社会资本之间的利益共享、风险共担以及长期互利共赢的合作（见图 2-1）。

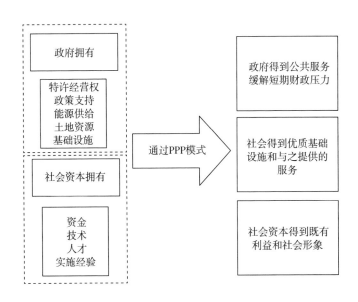

图 2-1　PPP 模式三方受益

PPP 项目通常是政府领导，让私营部门承担一项或多项功能，如独立承担工程建设、管理、维护设施或提供部分公共服务，最终以政府支付的方式获取利益。在一些项目中，私营企业的风险相对比较低，如 PPP 项目外包。有些项目要求私营企业参与，甚至是完全投入，通过合作机制，与政府共同承担风险、分享收益。

归纳起来，PPP 模式的主要优点如下：①消除费用的超支。与传统政府采购公共基础设施的模式相比，PPP 模式可以为政府部门节约费用，且工程完成日期具有时效性。②实现政府职能转变，极大减轻财政压力。政府可以从公共基础设施复杂的采购过程中脱离出来，从以前的提供者成为现在的监管者，因此对工程的质量也有了保证，进而也减轻了政府财政压力。③实现投资主体多元化。社会资本参与公共产品的提供过程可以为政府资本带来更高的工程效率、资金与技能，实现投融资体制的改革。并且，社会资本的逐利性与效率性可以推动项目在设计、施工、设施管理等方面的革新，提高工程项目建设效率，带来先进的管理理念与经验。④政府资本和民间资本可以相互合作，弥补对方的不足，充分发挥两者各自的优势，形成长期互利共赢的目标，以最经济的方式提供公共产品，即以最小的成本获得最大的效益。⑤协调各方不同的利益冲突关键是要使参与项目各方组成战略联盟。⑥合理共担风险。PPP 模式在初期就可以实现合理的风险分配是其与 BOT 等模式的不同点，在政府已经承担一部分风险的基础上，一定程度上减少了社会资本承担的风险，使项目风险分配合理性提高，相应地也就降低了融资的困难，增强了项目融资成功的可能性。

项目识别、项目准备、项目采购、项目执行是 PPP 项目操作流程的一部分。PPP 项目的全生命周期中，VFM 评价是一个重要的环节，它通过定性和定量的分析来衡量项目的风险，从而决定 PPP 项目的可行性；另一个重要环节是 PPP 项目等（见图 2-2）。

PPP 项目按照项目的性质分为经营项目、准经营项目、非营利项目三大类。经营以及铁路、供水、供热等方面都是用户自己掏钱。所谓的"半商业性"项目，包括垃圾处理、污水处理、地下综合管廊等，都是由用户自己掏钱，从中获

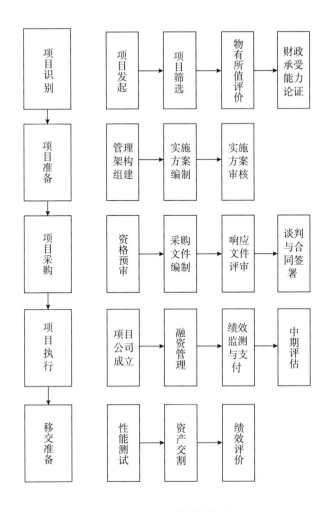

图 2-2　PPP 项目操作流程

得一定的收益，而要想获得更多的收益，就必须有政府的支持。与医院、学校等非营利的社会公益组织一样，私营企业在经营过程中不能盈利，只能靠政府的资助。根据 PPP 项目的付费方式，可将其分成使用者付费、可行性缺口补助、政府付费三类。它的工作原理如图 2-3 所示。

大多数人认为，发展中国家是最早出现 PPP 模式的，例如，1984 年土耳其应用 BOT 模式来提供公共产品，但是规范且成功运用 PPP 模式的是发达国家，亚太经济合作组织的数据资料显示，运用 PPP 模式最成功的是加拿大、澳大利

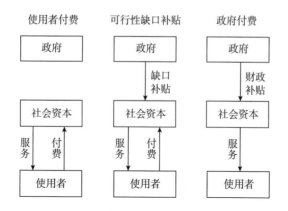

图 2-3　PPP 三种付费模式

亚等发达国家，判定其成功运用的标志是政府、企业以及公众三方，通过寻求社会资本的合作，使公共物品具有更高的价值；公司获得了投资的收益；百姓享受了合理价格的服务。

归纳起来，发达国家的 PPP 模式主要有以下十个特点：

（1）项目投资由金融机构主导是发达国家 PPP 模式的主要特点，而我国主要是由带施工资质的工程企业主导。这从中显示了我国金融机构与国外金融机构的业务特点和盈利模式、竞争力和创新力以及服务意识等都有很大的不同，从另一个方面说明了我国工程企业规模的庞大和激烈的竞争。相应地，资金结构、人才结构以及知识结构等方面，我国金融机构和工程企业在参与 PPP 项目中都显示出一定的弱势。

（2）谈判周期长、前期成本较高是发达国家 PPP 项目招投标的特点，但是其全生命周期成本相对较低；而我国恰好相反，谈判周期短、前期成本相对较低而全生命周期成本高。

（3）资金来源广泛是发达国家 PPP 项目的融资特点，不仅有银行，还有来自基于养老社保等基金和保险机构的资金，这些资金的长期性正好与 PPP 项目资金使用的长期性相匹配，而近几年我国才允许保险资金参与投资和放贷实行，所以我国 PPP 项目资金来源渠道相对单一。

（4）对 PPP 项目的最小规模有限制是发达国家采用 PPP 模式的一大特点，如在澳大利亚归档金额应当高于 5000 万澳元，因为项目前期花费时间长，成本高，如果项目规模比较小，则前期费用占比就相对过大。所以发达国家采用了一种方法就是当单个项目规模过小时，可以将同类项目打包一并进行招标与谈判。但是我国没有相应的规定，所以出现了个别项目投资金额才几千万元，而前期费用就占了约 10%。

（5）因现有政府机构很难适应 PPP 的复杂性，越来越多的国家（包括发展中国家）开始编写 PPP 的相关指南，并建立 PPP 专门机构（赋予规划、比选、评估、指导、咨询、监管、审批项目等不同权利），以规范 PPP 运作和总结 PPP 经验（知识管理），而我国尚没有国家层面的 PPP 法规，国家层面 PPP 中心也刚组建几年，各地各部门做法随意、迥异、低效，导致经常重复"交学费"。

（6）发达国家的 PPP 项目有不少改建项目，如 TOT，还有一些企业主动建议项目；而我国主要是新建项目，多是政府立项招标项目，这与中外经济发展、基础设施成熟度处于不同阶段，项目干系人的经验、水平高低，以及政治、法律、金融、社会体系的成熟度有关。

（7）发达国家 PPP 项目的社会资本主要来源于本国甚至本地的民营企业等，而在 20 世纪八九十年代，我国社会资本主要使用的是境外社会资本，自 2000 年以来，社会资本就主要来源于国内了，一定的地方保护主义显现。

（8）提高服务水平和效率是发达国家采用 PPP 模式提供公共产品的主要原因，并因此缓解政府一次性支出资金的压力；而我国则主要是为了解决资金短缺的问题，增加公共基础设施的数量与规模，满足公众生活需要，从而促进经济发展，包括 GDP 的增长和政府政绩。目的的不同使国外 PPP 项目主要用于提供政府进行分期支付的公用事业，而我国则主要是用于提供公众支付的基础设施。

（9）过程和信息的全公开是国外 PPP 项目的特点，公众可以获得这些信息，而我国的 PPP 项目的信息尤其是财务信息是不公开的，导致对 PPP 项目的研究绝大部分是定性研究，缺少可以定量研究的数据，大部分都是一些主管研究以及假设数据研究。但《政府和社会资本合作（PPP）综合信息平台信息公开管理暂行办法》（财金〔2017〕1 号）已发布，信息公开工作有望得到改进。

（10）由于 PPP 项目的周期性很长，一般都长达 10~30 年，所以政府资本或社会资本任何一方单独去预测或承担全部的风险是不明智的，也是不现实的，所以发达国家采用特许期间的调节机制，如调价来应对这一问题，但是近几年我国才开始应用这一动态调节机制，导致以前年份的一些 PPP 项目产生了诸如不公平、不和谐以及政府强行干预调整等后果（王盈盈等，2017）。

利好的政策支持、稳定的政治承诺、完善的法律与监管环境是 PPP 获得广泛推广的重要基础，有经验的社会资本对这些因素都有着清晰的认识，在决定是否参与公共产品的提供过程中这些都是其会充分考虑的因素。

我国要想实现 PPP 的推广面临的主要挑战是缺少成功实施 PPP 项目奠定基础的资源，包括正确的政策、机构和流程，导致即使项目签约成功了，可能后期也会问题频发。另外很重要的一点是发展中国家 PPP 项目的可行性研究多受官员控制，他们倾向于在其任期之内谋取更大政绩，决策结果中提供的多数是乐观的数据，以使项目通过主管部门及其他相关政府机构的审查，造成项目是基于有偏差的信息下实施的。不幸的是，很多社会资本方或项目公司未做完善的尽职调查，将承担由于官员不称职和咨询不专业带来的后果。

二、VFM 评价

1990 年，物有所值观念最早出现在英国。这一概念首先被用于购买英国的公共基础建设，成为英国政府在选择购买方式时的一个重要准则。由此可以看到，"物有所值"不仅指的是达到最低价格，还包括经济、效率、效果，即"3E"。物有所值的内涵已由 3E 扩展到了风险分担、全生命周期成本、融资创新、组织创新、服务与技术创新、投入产出、绩效考核、有效激励等方面。

衡量物有所值的一个重要指标是投资的资本与获得的利益之间的关系。就供给产品和服务而言，其投资成本既包括在设备建设期内所投入的费用，也包括在设备运行和维修期间所投入的资金；利益并不只是指产品和服务的数量，更重要的是它的可用性、时效性、便捷性。定性的评估指标主要有全生命周期整合程度、风险识别与分配、绩效导向与鼓励创新、潜在竞争、政府机构能力、融资能力六个层面；项目的生命周期整合度指数是对项目全寿命期进行综合评价的，包括项目设计、投资、建设、运营、维护等各方面的综合评价。风险识别和分配指标是对项目全生命进行评估，对各个风险因素进行判断，并对政府和社会资金进行合理的分配；风险识别和分配指标是对项目全生命进行评估，对各个风险因素进行识别，并确定政府和社会资本的合理配置；以业绩为导向、以激励为导向的创新指标，主要考察了以数量、质量、效率为导向的基础设施建设与公共服务供应状况；潜在竞争水平指标是衡量项目内容是否具有吸引社会资本的能力；政府组织能力指数是衡量政府职能转变、服务优化、依法行政、行政监管和工程实施的能力；可融资性指数是衡量企业融资能力的重要指标。而量化评估是以 PPP 模式和传统政府投入方式的产出绩效为基础，以 PPP 为基础，对 PPP 项目整个生命周期中的政府一方净成本现值（PPP）与公共部门的比较（PSC）进行对比，以确定 PPP 模式是否能够降低整个工程的生命周期费用。

根据《指引》，我国现行"物有所值"评估方法主要采用 PPP 和 PSC 两种方法，对其进行定性和定量的评价。评价结果是评价项目采用 PPP 模式的关键。PPP 模式中的价值评估的基本原则是：

（1）工程建设规模较大。公共物品要满足人民群众的需求，而不能过分提供，造成资源的浪费。另外，要确保投资回报，吸引民间资金。

（2）可供选择的资金。"政府付费"是一种投资回报机制，项目在项目合约期内，政府将对项目进行财政补贴，以保证项目资金来源稳定，风险低，投资规模大，对项目有没有吸引力，并对项目的可融资能力进行评估，以确保项目在签订协议后，能更快地进入前期准备、建设、运营阶段，从而为社会提供更多更好的基础设施和公共服务。

（3）充分发挥市场竞争的作用。相对于"包办"的传统政府采购方式，PPP 可以吸引有能力、有意愿、有资质的社会资本参与，政府可以从项目招标中挑选合适的社会投资人参与项目的投融资过程、建设及运营等工作。在项目实施后，由于社会资本的趋利性，公司将采用先进的技术和管理手段，强化工程质量，控制风险，为项目提供优质的服务，以保证最终的合作和交接。在项目的全过程中，由政府和社会力量组成的合作共同体，将极大提高建设和运行的效率。

（4）最大限度地实现风险分担。风险共担是 PPP 项目实现互利共赢的重要内容，目前我国 PPP 模式主要的风险分配原则是风险共享、风险共担。社会资本作为项目的投资方、建设方和运营方，它在项目全生命周期中起到举足轻重的作用。政府资金作为项目的策划者和监管者，不仅要承担政策风险，还要考虑社会基本利益和社会资本的基本利益，并对其进行全方位的监督，从而为工程风险的预防与管理提供强有力的保证。

（5）提高公共服务的质量。这项计划将提高市民的优质服务。对于非营利的 PPP 项目，它是由社会资金投资、融资、建设、维护和管理的。它是一项"政府付费"的公共福利计划。政府不仅要对社会资本的服务进行监测、监控，还要对其年度服务质量进行评估，并以此为依据，通过整合优化、服务创新、项目协议约束等措施，保证项目的实施、管理的规范化、投资的规模效应，从而提高社会资本的服务水平。

目前，PPP 项目的价值评估包括评价准备、定性评价、定量评价和信息管理四个方面。如图 2-4 所示。

VFM 是衡量公共物品项目能否使用 PPP 模式的一种决策手段，它可以衡量政府与民间企业之间的关系，使项目的整个生命周期都通过政府的考核，从而达到最大的经济效益和社会效益。在我国现行的市场制度下，VFM 评估系统对项目采购方式和整个生命周期进行评估具有重要意义，具体体现在以下两个方面：

（1）决策阶段。VFM 的一个重要作用是，它可以通过一系列的计算规则，对公共物品的价值进行评估，并在 VFM 的评估中充分考虑到竞争性。在项目的采购中，所有的社会资金都可以参与进来，最终的获胜者可以通过合同来完成这个项目，从而提高工程的经济性和效率。虽然在竞争中为了赢得一个项目会不惜一切代价，但是从长期来看，这将会增强竞争意识，从而提升公司的工作效率。

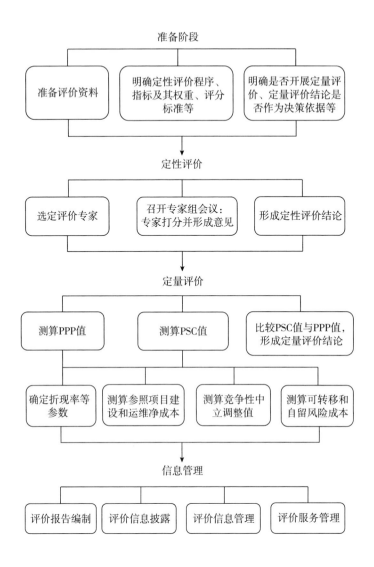

图 2-4　PPP 项目物有所值评价流程

（2）项目完成阶段。VFM 的另一个重要功能是在 PPP 项目建成之后，可以使用 VFM 评估法对 PPP 项目的成功进行评估。由于项目竣工后的评估结果较为客观，具有较强的可操作性，因此可以将 VFM 作为一种评估项目完工后的方法，对其进行评估。而且，在项目结束之后，还可以将项目的数据和数据整理到数据库中，这对于未来的工程来说，是非常有价值的，如此 PPP 项目发展得更加规范合理并且能够良性循环发展。

三、PPP 项目 VFM 评价关键技术优化

在项目入门的识别阶段，VFM 就用来实质评价一个项目是否使用 PPP 模式。根据财政部的说法，"物有所值"的论证是指在相同的工程中，政府采用传统体制为项目付出代价总和与采用 PPP 模式付出代价总和的差值，如果 VFM>0，那么 PPP 就具有经济可行性。通常的 VFM 评价有两种类型：定量分析法和定性分析法。因此，VFM 评价关键技术优化主要有以下两个方面：第一，在实际操作中，对政府支付的成本进行定量计量时，既要考虑自身财政数据，又要考虑两种制度下政府的财政支持状况。在传统的制度中，政府会为公司提供许多便利的手续、补贴、贷款，以及协调与银行的关系。还有不需要签订合同、不需要严格监管等成本节约，如果是事业单位还有税收方面的好处。在 PPP 模式下，政府对公司的投入要比传统模式少，但要承担更多的监督费用。对这些因素进行定量比较困难，精度难以使人相信，而且在实际应用中也会受到影响。考虑到相关领域政企不分，又处于深化改革中，定量 VFM 是两个不确定数字的差，其计算误差难以控制。第二，VFM 的实施还会受到政治、文化、地域等因素的影响。虽然都是传统的制度，但在不同的区域内，效率会有差异，而在同一个区域内，不同的企业也会有差异，因此，在传统的制度下，政府要支付的额外成本难以计算。

（1）定量评价。根据 Grimsey（2005）的研究，物有所值定量评价方法主要有四种：全面效益一成本分析法、招标前的 PSC-PPP 比较法、英国的 PSC-PPP 比较法和竞争性招标法。招标前的 PSC-PPP 比较法和英国的 PSC-PPP 比较法均属于 PSC-PPP 比较法，即假设 PPP 模式具有与传统政府采购模式同样的绩效，将 PPP 模式下的项目全生命周期净成本现值（PPP 值）与传统政府采购模式下的项目全生命周期成本现值（PSC 值）进行对比。PSC 和 PPP 的差值就是 VFM 的数值。当 VFM>0 时，PPP 模式可以节省更多的费用，也就是价格更高，如果 VFM<0，就不是物有所值。英国的 PSC-PPP 比较法是在 PSC-PPP 的招标过程中，通过 PPP 模式下私营企业的投标报价和 PSC 的价值，加拿大、澳大利亚和

中国香港都采用了这种方法。PSC-PPP 比较法是利用 PPP 模式的影子价格和
PSC 值来进行 VFM 的测算，日本和荷兰等国均采用了 PSC-PPP 比较法，而国内
的 PSC-PPP 是在投标之前进行 PSC-PPP 比较。根据《指引》，PSC 值为下列三
个费用全生命周期现值的总和：参考项目的施工和运行维护净费用（可扣除第三
方收益，并与 PPP 值口径保持一致）、竞争性调整值（如所得税、增值税等）、
项目全部风险成本（主要指政府保留风险值）。全面效益—费用分析法是运用技
术经济、社会分析等综合手段对工程进行综合核算，其收益与费用之差称为
VFM 值。但由于此方法所需的效益、成本数据、假设条件过多，计算工作量大，
因此适用的范围很小。竞争性投标规则建立在引入私营投资者要优于仅由政府投资
所提供的服务这一前提下，即通过与私营投资者的竞争来获取纯粹的 VFM。VFM
是由招标过程和私营投资者竞争的方式得到的，没有具体的 PSC 指数，新加坡采
取了这种方式。定量评价假设 PPP 模式与传统的政府采购方式具有同等的产出绩
效，则通过对 PPP 项目整个生命周期中的政府支出净现值和公共部门进行比较。
定量评价要结合各地的具体情况，不能一概而论。

（2）定性评价。物有所值定性评价的具体实施方式因各国实际情况而异，
建立比较评估指标是比较常用的一种方法。英国的物有所值定性评价主要是对
PPP 项目的可行性、可行性和吸引力的评估，包括可行性、可实现性、吸引力、
市场失效、采购过程的有效性，以及项目群、项目和采购的定性评价。加拿大要
求对 PPP 模式和其他采购模式实现项目目标的满意度进行定性评估，并在此基
础上设定了符合投资目标、交付时间、市场兴趣和能力等指标，并邀请专家对不
同采购方式对项目的满意度进行评分。美国主要从财政影响、非财务影响和公众
认知三个角度对 PPP 模式进行定性评估。而澳大利亚需要对交付的确定性、质
量、设计有效性等要素进行定性评估。我国提出了"以 PPP 为基础"的质量评
估方法，即项目的"全寿命""风险识别与分配""项目规模""项目寿命""项
目规模""项目寿命"等十二个"质"的量化指标。

《指引》将物有所值评价分为定性评价和定量评价两大类。目前，国内的评
估方法多采用定性评价的方法，但也鼓励采用量化的方法。对 PPP 项目进行物

有所值的定性评估是影响 PPP 项目投资决策的关键因素。定性研究的焦点在于：PPP 与传统的政府采购模式相比，能否在一定程度上提高公共服务的供给、优化风险配置、提高效率、推动创新和公平竞争以及政府采购的有效执行。目前，财政部正在编制《VFM 评价指南》，对其进行了定性和定量的评估，其中对 6 个基本指标+6 个附加指标的选择不少于 3 个。对经定性评价的项目，可以纳入本地 PPP 项目目录，对下一阶段的价值进行量化分析，没有通过定性分析的，则认为 PPP 模式不适合（见表 2-1）。

表 2-1　物有所值定性评价专家打分表

	指标	权重（%）	评分	指标说明
基本指标	①全生命周期整合程度	10		项目设计、投融资、建造、运营和维护等环节能否实现长期、充分整合
	②风险识别与分配	15		各风险因素是否得到充分识别并在政府和社会资本之间进行合理分配
	③绩效导向与鼓励创新	20		是否建立以基础设施及公共服务供给数量、质量和效率为导向的绩效标准和监管机制，是否落实节能环保、支持本国产业等政府采购政策，能否鼓励社会资本创新
	④潜在竞争程度	10		项目内容对社会资本参与竞争的吸引力
	⑤政府机构能力	10		政府转变职能、优化服务、依法履约、行政监管和项目执行管理等能力
	⑥可融资性	15		市场融资能力
	基本指标小计	80		
补充指标（不少于两项）	项目规模大小	5		包括项目规模大小、预期使用寿命长短、主要固定资产种类、全生命周期成本测算准确性、运营收入增长潜力、行业示范性等
	预期使用寿命长短	5		
	行业示范性	10		
	补充指标小计	20		
	合计	100		

专家意见：

专家签字：

年　月　日

第二节　相关理论

一、成本收益理论

成本收益理论是用货币计量的方法来估计和测量投入和计量，是一种事先制定的规划战略。在市场经济发展的进程中，每个经济主体都期望以更少的代价获得更好的利益，从而达到最大限度的利益。所以，企业管理者都会仔细地衡量企业的经济效益，在企业的经营活动中，制订一个比较合理的、科学的收支计划，进行综合的分析和研究，从而得出最合理的投资决策。成本—收益分析模式是以利润最大化为目标，以最少的费用为代价，以最大限度地实现利润或收入。

在经济活动中，各经济主体为了得到最大限度的物质利益和精神利益而进行的成本—效益的合理权衡。尤其是在对某一特定的案例中，将不同的项目分别采用 PPP 与传统的政府购买方式进行对比，得出二者的总体收益与总费用，从而得出采用何种方式能够获得更低的总费用和更高的综合效益。

高效益的政府公共权力，必然会产生某些社会的整体利益，如人民的生活质量和生活质量的提高、税收的减轻、社会经济的繁荣与发展、社会秩序的安全与稳定、国家的和平与繁荣，这就要求社会主义市场经济的社会主义国家也要提倡"企业家政府"，要用企业的价值理论来处理企业的运营问题，要突出政府的效率，要以效益的眼光看待国家的行政管理。这就是本书以政府公共权力的成本和利益为理论基础的原因。

二、风险管理理论

从事先的角度来说，风险是指未来一系列的不确定因素，或可能出现坏情况的概率，即有可能出现的利益或亏损，没有达到预期的结果，也没有达到平均水平。风险管理的整个流程，包括风险识别、风险评估、风险处理和风险监测。在质的价值评估中，通常要综合考虑各种危险因素。另外，要实现对价值评估的定量要求，还需要对主要的危险因子进行量化。风险定量评估和评估风险的可能性和结果的强度，一般都是采用系统化的方法，将几种不同的风险因子组合在一起，形成一个相互依存和相互影响的体系。通过抽象化该体系，建立一个理论模型，通过概率论、数理统计学等相关的工具，通过计算，对风险的发生概率和后果进行量化，得出相应的风险，以此来确定风险的价值。在 PPP 项目中，风险的分布与转移是其最主要的驱动力。

三、新公共管理理论

新公共行政的核心理念和政府与社会资本的合作模式基本一致，为公共物品与服务采取 PPP 模式提供了一个坚实的理论依据。第一，新公共管理学的研究集中于政府绩效，提倡通过私有化等方式来缩减政府的权力扩张。第二，新公共管理学认为，政府并非政策的执行者，而是决策者和市场规则的创造者，因而必须把行政和特定的经营活动分开。第三，新公共管理思想强调在公共服务和产品中应该引入市场竞争机制，并鼓励私人企业参与公共服务。通过这种方式，可以缓解政府的财政压力，提高公共服务的效率和质量。专有权是指一个人购买了某种产品或服务，而不允许别人使用这种产品或服务。竞争性是指购买一种商品或服务的顾客越多，价格就会越高。根据以上对专有和竞争的诠释，可以看到私有财产是专有的、竞争的，与之相对的公物则没有这两种属性。此外，公共物品的外在属性和效用属性是不可分离的。具有以上特点的产品，也就是纯粹的公共物品，同时又兼具公共物品与私有财产属性的商品，被称作"准公共品"，在这些准公共品中，存在非竞争性而不是非排他性，而非竞争性和非排他性一般是由于过度拥挤和外部影响的情形所造成的。公共部门和私营部门都不能在一定程度上满足公众的需求，因此，公共部门和私营部门必须配合，为公众提供公共产品。从总体上看，纯粹的公共物品具有非竞争性、非专用性等特点，只能由公营部门来提供，而私营部门不能胜任。在 PPP 项目中，要想吸引私人资金，则必须要具有预期的盈利能力。

四、交易成本理论

所谓交易成本，是一种人与人之间的关系，它代表着一种人与自然之间的联系。从根本上讲，只要有交换活动，就必然有交易费用，而交易费用又是人类社会生活中不可缺少的一部分（冯玉军，2001）。"交易成本"的概念最开始由罗纳德·科斯定义，并在经济分析时应用。交易成本理论一开始是用来解释企业自行生产或从市场购买两者之间的相互替代关系，后来交易成本理论的应用发展到解释企业与市场之间的不同治理方法。近年来，交易成本理论的应用范围进一步扩大，其研究框架已经用于探索政府用什么方式提供公共基础设施，也就是政府是直接供应还是通过与私人部门签订契约来协作提供。交易成本理论指出，一项公益性基础设施项目是由政府资本提供还是采用 PPP 模式来提供关键取决于交易成本的大小。

威廉姆森认为合约准备成本、合同确定成本以及监督与合同责任执行成本这三个关键性成本对每一笔市场交易，即市场交易成本方面产生了重大的影响。在一项公益性工程建设项目提供过程中，如果由政府全权负责所有流程，包括资金的筹集、招标设计与施工单位的选择、工程结束时的结果验收以及长时期的运营管理，则会产生一系列问题。第一，政府每次均要搜寻最优的人选。为了保证所选择的合作人是最优的，即最小合作成本达到最大合作利润，政府需要花费大量的搜寻信息成本，这种要求对每一个合同包括合同设计、施工合同以及运营合同都是必要的。第二，为了达到最佳的经济效益，需要对每一个合同讨价还价并进行决策，这会产生大量的成本。第三，监督和执行成本也是一笔很大的数目。第四，由于公益性工程建设项目的长期性，政府需要将公共产品的提供过程承包给各个相关当事人，在这种情况下，设计方忽视建设成本以及施工方不注重全生命周期成本的问题就随之产生了。交易过程中各种风险发生的概率即为交易的不确定性。

综上所述，如果单独由政府资本采购公益性基础设施会产生一系列的交易成本，但是 PPP 模式的采用不会有这种情况，因为该模式是把政府资本与社会资本共同参与到公共基础设施的提供过程中的，社会资本或者说某项目公司自己去完成融资设计、施工以及运营等一系列流程。因此，PPP 模式的采用有以下三点好处：第一，降低综合成本。从综合成本来看，项目公司会从长远角度来考虑运营成本的问题，设计与建设成本会被综合统筹考虑与适当调整，以求得减少项目全生命周期的成本。第二，项目质量将会被提高。豆腐渣工程在社会资本参与的情况下很难发生，因为政府资本或者说项目公司负责生产运营的话其会具有充分的动力去提升项目的建设质量。第三，项目工期得以保障。项目公司即社会资本是追逐利润的，其会在保证质量的前提下尽快收回投资成本，保证工程建设质量的同时缩短工程的建设工期，以达到尽快使得项目竣工然后获得运营阶段的利润。

五、信息不对称理论

交易双方通过交易获得利润所必要的信息，对该信息拥有的程度不同就是信息不对称。在政治与经济生活中，一些人借助自身的地位或者其他优势拥有其他人所无法拥有的信息，从而导致信息不对称。在市场经济中，由于个体的差异，如文化或知识水平、受教育程度以及其他因素的不同，带来的对信息的了解深度与广度的差异；那些掌握充分信息的人会处于有利的地位，从而可以为自己谋求更大的利益；相应地，那些信息缺乏的人员就会处于不利的被动地位，所获得的经济利益也要远远小于掌握充分信息的人员（Adverse Selection），从而带来的问题就是逆向选择。如二手车的柠檬市场、医疗保险行业。

政府资本在进行一项公共基础设施的建设与经营时，往往不会分析投入与产出。当几个不同的投资主体共同投资一个公共基础设施项目时，就会因为他们对各种投资合作剩余的预期不同产生分歧，一般来说，民营企业在参与一项公共基础设施建设时关键性考虑的就是投资回报率。因为参与投标的民营企业经济实力水平各不相同，政府部门也没有办法全面考察所有参与投标的企业。因此，寻租、行贿等腐败行为就会发生，这些活动用来打探招标信息，可能会使一部分经济实力不强的企业进入 PPP 项目的建设过程中，从而导致项目建设达不到预期效果。此外，有一些企业可能由于自身信用不够，想通过参与政府项目提高自己的信用，从而使自己的项目进行筹融资活动。众所周知，PPP 项目的建设经营回报期比较长，可能会出现某些企业对项目的信心不足，中途放弃项目，导致项目中途叫停，再加上民营企业总是把成本考虑放在第一位，所以可能会使用劣质材料导致项目建成后无法投入使用且可能会对环境造成压力。

六、公共产品理论

萨缪尔森在《公共支出的纯理论》中将公共产品界定为"公共物品"与"私有物品"。不像私有物品，用户在购买公共物品时，不会造成他人对某一商品的消耗量的降低，而在某一特定的公共物品供应水平上，新用户无须额外的供应费用，如道路、路灯等。由于公共物品具有"共用性"特性，其利益的非排他性常常会被限制在某种程度上，例如，由于城市道路使用者数量的增加，道路拥挤不堪，城市道路的质量也会降低，从而导致"公地悲剧"。在这种情况下，"超载"就会限制其他用户的进入。所以，根据公众的购买行为会不会对其他人群的数量和质量产生影响（边际拥挤成本为 0），将公共物品分为"公共物品"和"准公共物品"两类。在传统的公共物品理论中，政府机构更适合参与公共物品的配置，而市场机制更适合个人物品的配置。实际上，铁路、港口、邮政、供水、供气、供暖、道路、地铁等基础建设都属于准公共产品，既有国家供应，也有中央政府和地方国有企业。PPP 是一种新型的准公共物品供应方式，它是由政府与社会资金协同作用，利用自身的优势，实现共享。

PPP 模式作为一种公共产品或准公共产品，必须从一开始就建立产出指标体系，使之与绩效监管、支付机制有机地结合起来。基础设施建设的产出指标包括建设目标、服务目标、服务范围、产品或服务表现等，同时也受到政策、法规等的限制，而 PPP 模式需要政府和社会资本合作，在满足这些需求的前提下，通过合理的风险分配来激励创新，从而达到最佳的解决方案。从建设和运行的角度来看，清楚的输出指标能够准确地表明基础建设的最低水平和公共产品的服务水平；同时，通过政府和社会资金的合作，也为双方合作打下了良好的基础。产出标准的功能包括：第一，项目产出标准是政府向社会资本部门提供公共物品和服务需求的宣告，是在 PPP 合作正式开始前，必须有一个基本的先决条件。第二，就 PPP 项目的执行而言，产出标准可以成为社会资本参与招标、政府部门对招标进行评价的依据。另外，产出指标也可以成为政府监督工程公司在基建工程建设和运行期间所提供的公共物品的绩效或服务品质的基础。由于产出准则的重要性，在 PPP 项目中，产出准则一般包含建设指标和操作指标。建筑指标一般包括设计功能、施工质量、施工时间等，服务指标一般包括设备容量（如交通量、下水道等）、服务时间（如地铁运营时间）、消费者使用价格、消费者使用方便和舒适度等。本书对 PPP 项目 VFM 进行评价的一个重要前提是要对其产出标准进行清晰的梳理。

七、决策理论

经典决策理论认为"完全理性"是一种假定，即决策者可以在决策过程中及时、精确地获取与决策相关的各种信息，并且在决策过程中能够对与决策相关的所有信息进行处理和记忆，从而达到最大经济利益的决策目标。在面对多个目标的情况下，可以用单一数学方程来表达多个目标。由于政府与社会资本部门之间的合作时间较长，决策过程中存在着很大的不确定性，决策过程中无法得到有关决策的完整信息。同时，在政策制定过程中，还必须考虑政府部门、社会资本部门以及其他利益相关方的多种目标，而这些都是无法用一个简单的数学公式来表述的。因此，有限理性决策理论、群决策理论和多目标决策理论更能有效地指导 PPP 项目的决策。

诺贝尔经济学奖获得者西蒙于 1945 年提出了"有限理性"，认为受决策时间和资源利用的限制，决策者只能做到尽量了解各种备选方案。从心理学的角度来说，人类的感知、记忆、信息处理能力是非常有限的，所以人们的认知能力并不完全。从行为上来说，人们在不同的环境下寻求的目的是不同的，但是，这一差别并没有保证决策者在决策过程中总是以获得最大的经济效益为目的。西蒙"有限理性"的研究还分析了决策者的心理活动特征对决策方法、决策模式、决策结论的影响，从而得出决策者对未来的预期太过乐观或太过悲观，会导致市场的不合理发展。项目是否采用 PPP 模式是项目立项时最关键的问题，决策者要综合考虑项目是否具有资金可行性、社会公众是否满意、是否会影响环境、是否可以进行国民经济评价、项目是否立项，还需要综合考虑采用 PPP 模式是否更物有所值、社会资本方是否有足够的项目管理能力、产出规范是否满足使用者需求等问题来决定 PPP 模式的采用。决策程序受到项目边界条件的限制，其决策目标也不是以经济利益为首要目标，而是有限的合理决策。目前的 VFM 评估方法能够对 PPP 项目进行定性、定量的评估，并能对 PPP 项目的投资价值进行量化分析，从而为政府的决策提供科学依据。在 VFM 的计算中，根据对未来期望的不同，风险偏好决策者与风险回避决策者之间存在着很大的差别。

在复杂决策过程中，决策者个人知识水平的限制常常会造成决策失误，多人决策可以很好地弥补个人决策信息、知识和经验的不足。决策理论自诞生至今，经过长期的研究和丰富的研究，已形成了一系列的决策体系，如群体决策、多目标决策、多属性决策、模糊群决策、群决策等。基于 VFM 理论，对 PPP 项目进行了一种与群体多目标决策相似的多目标决策方法，即将决策的定量优化与定性描述结合起来，并对决策群体的偏好进行分析，从而实现对多个目标的最优决策。PPP 项目的多目标包括：确保工程产出标准化、社会资本部门合理回报、降低政府债务、满足用户需求；在决策基础设施建设过程中，由于信息不完整、工程风险较大，因此，运用专家调查方法进行 VFM 的定性评估能够更好地发挥其优越性。然而，目前 VFM 的量化评估方法中，VFM 大于 0 的适用范围只表示 PPP 模式的最小值，与最佳方案相比还有很大差距。在 PPP 项目中，最大限度地提升 PPP 项目的 VFM 水平，是确保 PPP 模式更加划算的方法和措施。

八、激励理论

泰勒以"经济人假设"为依据，提出了以货币为单位的计件工资体系，可以有效地激发劳动者的工作热情，从而为企业的发展提供一个新的思路。随着激励理论的进一步发展，本书将其分成经济学和管理学两大类。经济学上的激励理论借鉴了泰勒的"经济人假定"，指出在一定的条件下，激励是一套以保护股东权益为目的的系统。从管理学的观点来看，激励是以公司的制度为导向，通过对员工的各种激励手段来满足员工的各种需求，使员工的积极性和主动性达到最大化，进而达到公司的目的。然而，"经济人假设"的前提是充分竞争的市场环境，市场的不健全导致了激励理论的发展，而有效的激励机制设计是解决"逆向选择"和"道德风险"的有效方法。在公司运作上，随着企业理论的不断发展，激励设计的理论基础日益丰富，例如，在交易成本理论中，通过合理的激励机制降低交易费用，可以有效地解决因不对称而造成的不完整合约问题；在委托—代理理论中，激励可以帮助委托人选择和激励代理人，而在委托—代理制度下，为了维护委托人的利益，必须建立健全的委托—代理关系，以防止"逆向选择"和"道德风险"问题。本书将交易成本理论和委托—代理理论相结合，应用于PPP项目，解决了PPP项目的委托—代理问题，降低了交易费用。

九、治理理论

一些学者认为，"统治"一词来源于拉丁语，意为"掌舵"。"治理"一词是世界银行第一次在《南撒哈拉非洲：从危机走向可持续增长》中提出的。尽管"治理"一词源于统治、控制、掌舵，但是，治理理论的奠基人罗瑟诺清楚地表明，治理并非严格意义上的"政府统治"，它更像是一种由行政或法律来指导、规范、协调和影响人民的活动。目前，政府的管理也被普遍地认为是一个组织和社会的自发进程，它包括个人、组织、权力机构、非权力机构等不同层次的组织、权力机构、非权力机构，在管理方法上既有强制性的控制，也有民主的协调与协商。多元的施政主体要求各施政主体之间通过合作来完成施政过程，因此，协调理论往往是对施政机制的探讨。项目治理是治理的根本，它的治理根源是项目治理，只有项目治理具有良好的治理效果，项目治理才能有效地建立起一套完善的治理制度，使各种不同层次的治理制度得以实现。在工程项目管理中，由于工程管理理论与技术水平的落后，导致工程管理绩效不佳，而实际情况表明，工程管理中出现的问题更多地来自制度层面。在宏观层面上，工程管理是一个制度环境；在微观层面上，它是一个构建和维护的制度。尹贻林教授的研究小组认为，在PPP模式下，要想与各方建立良好的合作关系，就需要在"善治"的基础上使各方利益攸关方的利益得到最大程度的统一。

综上所述，是否建立了一个健全的制度环境，在项目交易中，一个良好的秩序、最大的利益相关方的利益最大化的有无，是衡量一个项目能否达到一个好的管理水平和一个衡量标准。在人力资源管理中，绩效作为一种衡量个体行为表现的指标，逐渐扩展到企业的业绩。就工程项目来说，工程管理也是一个组织的表现。传统的公司治理模式是在股权与控制权相分离的情况下产生的股东与经营者之间的利益冲突，具有明确的组织边界，便于对公司的绩效进行评估。而在工程项目管理中，组织必须包括所有的个人、机构、政府机构等，而组织的边界难以界定，难以对其进行评估，因此，一些学者将项目管理，特别是公共项目管理列为公共治理的范畴。PPP项目合作的实质是一种合同的结合，具有典型的委托—代理关系，而由于PPP合同的不完善，对PPP项目的治理效果进行评估也显得尤为重要。PPP项目管理的目标是使项目的合作剩余创造最大化，以实现其成员间的协同作用，而其治理的主体是利益冲突协调机制。一方面，PPP项目的治理主体是各方利益相关者；另一方面，PPP项目的利害关系人也有不同程度的利益冲突，需要通过各方的制衡来实现。解决利益相关者的利益冲突，其解决途径主要有激励机制，即从内外两方面进行激励，增强政府的管理能力，加强政府之间的协作。

十、公私合作理论

公私合作是指政府与私人部门之间建立良好的合作关系的一种公共基础设施。建立平等意识，强化法治意识，强化契约意识；要做到四个平衡：中央政府要平衡稳定和防范风险、地方政府要平衡投资者和民众、社会资本要兼顾收益和公益性、金融机构要把握好传统模式和金融创新之间的平衡。公私合营的理论具有如下特点：

（1）目标一致，合作深度。PPP 模式的特点是合作而不是竞争。PPP 模式是一种以最小的资源最大限度地获取最大的产品和服务，达到最大限度地提高收益的目的。政府部门提供公共物品和服务，而私人部门寻求个人利益。合作伙伴关系可以实现政府与社会资金的互补，实现各方利益的互补。

（2）利益共享，激励相容。一方面，社会资本与政府合作，通过 PPP 模式向政府提供公共物品和服务，应该获得合理稳定的投资收益，这是保持合作伙伴关系的一种经济联系。另一方面，PPP 是一种以满足公众需求、社会福利最大化为目的的公共物品与服务，并通过建立一套行之有效的激励与制约机制，对私人企业的利润进行严格的管制，既保证了私人企业的合理收入，又保证了企业的利益。

（3）优势互补，共同承担风险。PPP 模式是政府与私人企业之间的一种合作方式，它需要通过最好的方式来承担风险，以减少风险。因此，可以确保工程的质量和收益，并为政府资金和社会资本建立起良好的合作关系。将风险分摊给更有能力的部门，共同承担更多的风险，将风险控制在最小化，以获得最大的经济效益。

（4）利用国家资本进行融资。公营企业和私营企业的合作能够改善国有资本的使用效率，并提高非国有资本的比例。例如，一个项目，政府与社会资金各占 50%，在建设期内，双方联合发起设立项目公司，在运营期间推出 PPP 产业投资，获得收益，在政府部门资质及发展较好的前提下，杠杆率可适当提高。

（5）为了提高效率采用透明的方式。PPP 项目采用公司制的股份合作方式，通过透明的方式，可以有效地避免因单纯的采购而产生的内部交易、抽屉协议等问题，从而有效地改善企业的运作效率，降低企业在建设和运作上的缺陷。根据公私合作的特征可以看到，公私合作模式的基石是合作，而利益共享是长期合作的纽带，政府和社会资本必须共享利益，共担风险，才能形成一种可持续的公私合作模式。

第三章　PPP 项目 VFM 评价的现状分析

第一节　VFM 评价的起源及发展

一、VFM 评价的起源

大众认为花钱购买的货物或服务的质量是很值得的，其可理解为物超所值。可见，物有所值这一概念，常常与花钱有关。这一点无论在中文还是英文的环境中都是如此。所以，当把物有所值概念用于公共部门时，它也不可避免地与公共支出相关。诸多文献指出，英国是最早在公共部门中正式使用"物有所值"概念的国家，实际上英国也是在财政支出压力下，开始在地方政府改革中使用"物有所值"这一概念。20 世纪 70 年代末，英国进行了一场影响深远的新公共管理改革运动，在这一运动中开始将市场机制引入到公共部门的改革中，构建一个"采购型"的公共部门。在此社会背景下，政治家为了赢得选票、获得改革的正当性和推动力，就开始使用物有所值这个民众再熟悉不过的概念来向选民传递一种理念——来自纳税人的每一分钱都要花得物有所值，都要为民众带来更大利益。

英国是在建设公共服务项目上引入社会资本最早的国家之一，同时是首个提出对 PPP/PFI 模式进行物有所值评价的国家，也是现阶段公认的物有所值评价最全面和规范的国家。英国政府从 1986 年英法海底隧道项目开始，就对社会资本投资基础建设提出了多种模式，并进行一定程度上的规范和创新，形成了一套规范化的体系和政策文件，建立了一套特有的审批、决策和评价体系。英国财政部发布的《资金价值评估指南》中对物有所值评价程序做了详细的规定。该程序主要包括三个阶段：投资评价阶段、项目评价阶段、采购评价阶段。1992 年，英国首次提出私人融资计划（PFI），从 1995 年开始，PFI 模式的广泛应用极大缓解了英国的财政压力，优化了基础项目的服务质量，2006 年，PFI 模式在英国呈现出一片繁荣景象。2012 年，英国政府针对以往 PFI 模式的不足，结合各部门意见推行了第二代 PPP/PFI 模式评价程序，简称 PF2 模式。与第一代相比，英国 PF2 模式的最大特征是项目允许政府参股投入部分资本金，由此可知 PFI 和 PF2 的关键区别就在于政府是否对项目公司（SPV）进行参股。

经研究考证，从法律层面上看，1988 年英国的《地方政府财政法》是英国物有所值概念的源头。但一方面当时该法并没有给出物有所值这一概念的具体定义。有学者分析这是当时社会环境下政治上的有意为之：这种模糊处理是为了避免地方政府的反对。另一个方面该法采取了"摸着石头过河"的方式，通过试点项目寻找物有所值的确切内涵。之后的十几年间，随着该法的实践应用，物有所值的内涵也得到了进一步充实。3Es（Efficiency，Economy，Effectiveness）即"效率（产出最大化）""经济性（成本最小化）"和"效果（完全实现了期望的结果）"，逐渐演变为物有所值内涵组成的互为逻辑的三个部分和物有所值评估的主要的三个方面。后来，为了进一步评估公共资金支出的公平公正性，第四个 E（Equality）被引入，成为物有所值评价的新方面。

后来，英国进一步深化公共部门改革，在公共服务领域开展强制招标制度，在 1999 年的《地方政府法》中引入了"最佳价值"（Best Value）的概念，对物有所值理念进行完善。最佳价值理念可以被认为是对物有所值理念内涵的进一步丰富，尤其是相对于之前的"3Es"评价内容，最佳价值理念为物有所值理念加入了一项必需咨询利益相关者的概念，尤其是需要考量服务用户意见的义务。物有所值理念更本质层面就是一项以用户为导向的理念，同时，在法律意义上增加向服务用户咨询的义务和强调服务用户在物有所值评价决策中的重要作用，能够更好地释放物有所值评价的效果。

实现物有所值是英国中央和地方政府、国民健康服务等所有公共部门的责任。就中央政府而言，内阁办公室的一项职责就是确保政府有效运行，并对政府服务进行改革，使用户能够获得有效的政府服务。内阁办公室内设的效率和改革组则与财政部等其他政府部门紧密合作，代表纳税人来实现效率、节约和推动改革。

因此，可以认为物有所值理念及围绕这一理念所构建的一系列制度并非仅仅是我们在讨论 PPP 背景下才开始出现的。实际上，它源自公共财政法，是现代公共部门管理尤其是公共财政管理的内在要求。物有所值的政治正当性和经济理性在于，政府的组织形式、公共服务的提供方式可以多种多样，但它们都统一于物有所值的基本检验。如今，物有所值作为一个公共财政管理的基本理念在全球范围内得到了确立和认可，物有所值理论已经深入政府活动和公共财政管理的许多具体领域，包括政府采购和 PPP 这种创新型的公共采购制度中。

二、VFM 评价的发展

(一) 国外 VFM 评价的发展

在当今社会，世界各国已经认可并广泛应用物有所值这个观念。物有所值的概念最早由英国提出，英国政府在评价检测公共事业中融入了这种思想，后来广为流传，并且全方位地阐述物有所值评价效果的是英国官方推出的《VFM 指南》。随着国内外广泛使用物有所值评价方法，欧美发达国家也相继提出建立相关的评价指南，以实现物有所值概念具体化、指标化。

1. 英国

PPP 模式的起源地是英国，设施的物有所值评价最早被引入到公共项目的采购模式和比选的基础过程的国家也是英国，通过不断地摸索和实践，一套规范的物有所值评价方法被逐步完善出来。PPP 模式被英国财政部在本国推行时，三个阶段的物有所值评价均被要求体现在所有采用 PPP 模式的项目中。第一阶段的物有所值评价是通过物有所值定性和定量的分析来评价可能适用 PPP 模式的项目集，从而识别出适宜的项目集，针对的是项目集层面；第二阶段的物有所值评价是通过更加详细地分析第一阶段识别出的适宜采用 PPP 模式的项目，利用项目的具体信息结合物有所值评价的关键要素进而做出判断，针对的是项目层面；第三阶段的物有所值评价是在项目采购阶段，在项目持续进行物有所值评价中确保项目在市场中的竞争优势，针对的是采购层面。

1994 年，英国开始运行 PPP 模式的前期评价体系，经过了多次的变革和完善，形成了其特有的项目决策预审制度体系，主要集中在程序规范化、制度化和标准化等方面，在项目前期的决策过程中对项目整个生命周期的可操作性也有很强的针对性。但是，因为其评价分析方法存在的不足和相关决策信息系统滞后等问题，英国这一阶段的前期评价体系也存在一些争议。

2. 加拿大

加拿大的 PPP 项目发展稳定，运用广泛，市场活跃度非常高。最初阶段，安大略省、不列颠和亚伯达等地是 PPP 模式进行试点和推广的主阵地，医疗、教育和轨道交通方面是此阶段 PPP 项目的主要集中点，在这一阶段中独特的加拿大模式逐步形成。

与英国的 PFI 模式和 PF2 模式不同，加拿大采用 PPP 项目的主要目的是加快经济发展，创造就业岗位。2007 年加拿大政府设立了 PPP 局和相应的"PPP 中心基金"，主要为大力推广 PPP 项目的应用。2013 年加拿大建立了"建设加拿大基金"，截至当年，加拿大在建设运营中的项目主要包括医疗、教育、轨道交通和能源方面，数量共计达到 220 个。

2014 年，国际 PPP 评价部门对 2003~2012 年加拿大的 PPP 项目绩效进行了评估，认为这 10 年间加拿大的 PPP 项目极大程度地推动了当地就业和社会经济福利的普及，对国家经济发展产生了巨大的促进作用，并且为政府部门节省了

100 亿美元，创造的税收高达 75 亿美元。2015 年，国际 PPP 评价部门将加拿大在此方面的成功归结为四点主要因素的推动，分别是稳定且有利的政治环境，多样的融资渠道，项目前期决策效率高，项目储备足、经验丰富。

3. 澳大利亚

PPP 模式大型基础设施建设一直处于世界领先位置的国家是澳大利亚，其建设项目类型不仅包括港口运输、轨道交通等基础设施建设项目，而且还广泛运用于与学校、监狱、养老院等合作的项目，其 PPP 项目融资模式广且具有高效率，被世界各国借鉴模仿。

在澳大利亚的项目运作过程中，重要的一个特征是政府和社会资本的角色转变，如维多利亚监狱项目，该项目全部由社会资本方进行设计、施工并且经营管理，政府做的仅仅是财政补贴和监管，运用明确的绩效考核指标对社会资本的运营进行考核，出狱的犯人重返监狱的比例降低，政府就会给予额外的奖励。此外，吸引投资者的关键点是政府保障社会资本的利益，如墨尔本皇家儿童医院，政府和社会资本谈判的条件之一是新医院建成投入运营后，旧医院可以由社会资本方自行利用，建立超市旅馆类项目，盈利完全归社会资本方所有，并且享受税收优惠等。

4. 其他地区

除了欧洲、加拿大及澳大利亚这些 PPP 发展程度较高的国家，美国以及南美一些国家的 PPP 发展水平相对较低，如美国的 PPP 规模都是在几十亿美元左右，其原因主要在于美国每个州对 PPP 的政策、制度不同，重视度不一，导致 PPP 项目推广起来有较大阻力；另外，美国的融资体系发达，大部分项目无须通过 PPP 来运作即可满足融资需求。非洲的国家也在加速开展 PPP 项目研究，主要在于相关政府发现了 PPP 模式带来的经济效益与社会效益，如可以减轻政府财政压力，推动国家经济发展。

（二）国内 VFM 评价的发展

1. 第一阶段：PPP 模式探索阶段（1984~1993 年）

1978 年我国建立了社会主义市场经济体制，外国资本主要通过设计公共基础设施参与投资建设我国各行各业中。在这个时期，PPP 模式并没有引起我国政府的关注，也没有相关的法律和政策文件用以指引和规范，地方政府参与的项目主要为社会私人企业或者组织自发地与政府共同合作建设的项目，并且社会资本大部分为国外的资本方。在这一阶段的 PPP 项目没有公开招标环节，合作通常是由社会资本方发起的，并通过谈判方式与政府达成一致意见，PPP 模式并不完整，所以也不是真正意义上的 PPP 项目。此阶段，最有代表性的项目是 1984 年深圳沙角 B 电厂项目。

2. 第二阶段：试点阶段（1994～2002 年）

1992 年，中国共产党第十四次全国代表大会上首次明确提出建立社会主义市场经济体制的目标。建设社会主义市场经济体制，这为公共基础设施在我国的市场化提供了理论依据，也为今后市场化的融资改革提供了制度保障。1994 年入选我国 BOT 试点的五个项目分别是：成都市自来水第六水厂项目、广西来宾 B 电厂项目、广东电白高速公路项目、武汉军山长江大桥项目和长沙望城电厂项目。其中，广西来宾 B 电厂项目是国家批准的第一个 PPP 试点项目。之后，我国各个部门先后出台了相关政策文件，以促进社会资本与政府资本的合作，包括国有、民营社会资本和外资等。

受这一阶段政策推动和影响，我国各个部门试探性地在个别地区推广 PPP 项目，但社会资本仍以外国资本为主，1997 年我国迎来了第一批 PPP 项目建设热潮。但是，1998 年席卷亚洲的金融危机阻碍了我国经济高速发展的势头，导致国内 PPP 项目发展缓慢并随之进入低谷期。

3. 第三阶段：推广阶段（2003～2008 年）

2003 年我国处于社会基础设施高速发展的时期，此时国内大规模的基础设施建设如火如荼地进行，这一阶段所建设的基础设施主要包括电厂、轨道、污水处理厂、高速公路等，社会基础设施大规模建设加大了对资金的需求，使政府面临财政压力，财政资金的短缺促使地方政府将 PPP 模式提上日程，并积极推动 PPP 模式在基础设施建设中的应用。在这个阶段，PPP 项目主要属于使用者付费类的项目，其主要特点就是社会资本建设依靠自身运营项目获取利益，而不是政府补贴，在达到运营期限后，项目则会被无偿移交给政府。

2003 年 10 月，党的十六届三中全会在北京召开，会上提出"要大力发展和积极引导非公有制经济，法律法规未禁入的基础设施、公用事业及其他行业和领域允许非公有资本进入"。这为我国城镇的第二波 PPP 建设热潮奠定了理论基础和政策前提。该阶段 PPP 项目众多，项目实施程序规范化，过程公开透明，并且大部分项目成功落地，各种社会资本竞争激烈，为今后 PPP 项目持续发展打下了良好的基础。例如，2003 年开工建设的北京地铁四号线项目是官方广泛推广的 PPP 成功案例。但受 2008 年国际金融危机的影响，政府运用 4 万亿的经济刺激计划来扩大内需、促进经济增长，这一时期 PPP 项目又一次进入低谷期。随着 PPP 项目数量增多且发展过快，同时由于经验不足的原因，导致部分项目失败。

4. 第四阶段：停滞阶段（2009～2012 年）

2008 年的金融危机导致全球主要发达经济体衰退，发展中国家经济增速明显减缓，国内大量外资回流，国内通货膨胀程度较高，物价居高不下。从 2009年开始，各地方政府基础设施建设主要由政府融资平台负责项目投融资，地方政府投融资平台可借助于信用贷款、城投债、土地出让收入、土地抵押获取项目贷款等融资方式，获得充足且成本相对较低的资金供应。地方政府投融资平台投资类型以准经营性和公益性项目为主，项目运作方式以委托代建、BT 回购为主。

2009～2012 年，在地方政府投融资平台大规模投资带动下，我国城镇化程度进一步得到发展，但 PPP 项目出现负增长，一部分项目在实施阶段就被提前终止，社会资本在公共产品和服务领域的参与程度有所下降，导致 PPP 的发展进入短暂停滞阶段。此阶段 PPP 项目相对较少，但是也有具有代表性的项目，如北京地铁 14 号线项目。

5. 第五阶段：高速发展阶段（2013 年至今）

随着能够有效缓解政府债务压力、转移风险的 PPP 模式的广泛应用，我国政府和社会在基础建设项目上对 PPP 模式的关注度也在不断上升。从 2013 年开始，为建立并完善我国 PPP 模式的法律和制度体系，财政部、国家发展改革委对此进行了持续探索和多次研讨，在我国多部委的积极推动下，相关 PPP 政策不断出台，这些政策促进了高速发展状态下 PPP 模式的不断规范化、透明化，社会资本积极性也得以高涨，我国 PPP 模式发展自此进入了新时期。

2014 年 9 月，财政部发布了《关于推广运用政府和社会资本合作模式有关问题的通知》（财金〔2014〕76 号），借鉴物有所值评价的理念第一次被提出。同年 12 月，财政部发布了《政府和社会资本合作模式操作指南（试行）》（财金〔2014〕113 号），文件中明确提出需从定性和定量两个方面进行物有所值评价工作。当年 PPP 试点项目被各地方政府大量推行，截止到 2015 年 3 月，超过 30 个试点项目被财政部推出，涵盖 15 个省份，如辽宁、河北、山西等，投资总规模约 1800 亿元。相关 PPP 试点项目涉及交通、文化体育、医疗养老、污水处理、供水、供暖、供气、供热、保障房、园区开发、垃圾处理、环境综合整治、教育、地下综合管廊等多个领域。

2015 年 3 月 17 日，《国家发展改革委 国家开发银行关于推进开发性金融支持政府和社会资本合作有关工作的通知》中规定，相关合法合规的 PPP 项目可以给予最长 30 年的贷款期限，贷款利率可根据项目具体情况适当给予优惠等政策。

2015 年 4 月 21 日，《基础设施和公用事业特许经营管理办法》在国务院常务会议上通过，该办法允许境外法人参与我国公用基础设施的投资、建设和开展特许经营。

2015 年 5 月，我国开始部署推广 PPP 模式，并且提出 PPP 模式是转变政府职能、打造新型经济增长点、激发市场活力的重要改革举措。

2015 年 12 月 28 日，《PPP 物有所值评价指引（试行）》（财金〔2015〕167 号）由财政部 PPP 中心发布，《指引》中明确规定我国境内拟采用 PPP 模式实施的项目，应在项目识别或准备阶段开展物有所值评价，在以定性评价为主的前提下同时鼓励开展定量评价。我国现阶段高速发展中的 PPP 模式无法形成体系化的计算模型，物有所值定量评价尚处于探索阶段，各地方政府要根据客观需要，有序地开展 PPP 项目物有所值评价工作。

2016 年 5 月，《关于进一步共同做好政府和社会资本合作（PPP）有关工作的通知》（财金〔2016〕32 号）（以下简称《通知》）由财政部下发，该《通知》肯定了 PPP 模式在我国的发展已取得了很好的成效，并提出在 PPP 项目有序开展的情况下各地方政府需要进一步加强配合，完善相关回报机制，提高融资效率，加强市场监管，让 PPP 项目信息更加公开，程序更加透明化。

2016 年 10 月 24 日，《政府和社会资本合作物有所值评价指引（修订版征求意见稿）》（财办金〔2016〕118 号）由财政部颁布，该文件深入详细地介绍了物有所值评价方法，为我国 PPP 项目进行物有所值评价提供了系统的参考依据。

目前，我国经济正处于转型期，GDP 增速从高速增长变为中高速增长，经济发展方式从依靠投资驱动的粗放增长转向依靠创新驱动的集约增长，为保证 2022 年我国城镇化率达到 64.72% 以上，相关基础建设不断被推进，资金缺口达到 42 万亿元。前期基础建设由各地方政府大力投资，导致政府债台高筑，财政资金承受较大压力。因此，未来发展的必经之路将是 PPP 模式。PPP 项目进入实施期是现阶段绝大多数项目的现状。但目前对于 PPP 项目的物有所值评价国内并没有形成统一的、成熟的标准体系，对研究物有所值评价优化的更是相对较少。

第二节 国外 VFM 评价应用现状

加强对国外的物有所值理念、评价方法和实践的应用现状分析，是我国 PPP 能力建设中的重要一环，能够为国内对物有所值评价方法的研究提供借鉴。

PPP 模式最早在英国出现和使用，早在 2004 年英国便公布了《资金价值评估指南》，提出评价 PPP 项目备选方案需要运用资金价值或物有所值评价体系。目前，世界范围内物有所值评价还没有得到广泛应用，但物有所值评价作为项目采购前的必要阶段已被一部分国家和地区认可，评判是否采取公私合营的必要评判标准是将物有所值评价体系融入 PPP 模式内。例如，PSC 评判标准被英国和荷兰作为 PPP 模式实施的第一步，以 PPP 模式进行基础设施建设的前提是符合标准和可以实现物有所值。加拿大、爱尔兰等国家也在不断地建立与完善物有所值评价体系。在日本，不仅要求物有所值评价体系必须运用在项目建设之前，而且还要求展示物有所值的评价过程，同时必须公示实际金额或者其所占的百分比。澳大利亚在进行 PPP 项目评价时首先运用成本分析法来评价如何进行基础设施建设，其次运用公共部门比较值法权衡采用政府采购模式还是采用 PPP 模式。然而，物有所值评价体系并不能在所有的国家顺利地推行。例如，美国各州之间的独立性很大，在进行公私合营时每个州的做法也不尽相同，这也是物有所值评价体系在美国没有被顺利推广的主要原因。

通过该理论进行项目评价能够较大程度节省政府的开支。英国财政部的报告显示，2008 年英国政府通过物有所值理论在交通、健康、能源环境、学校等领域共计实现了约 300 万欧元价值。

目前，国际上常用的两种物有所值的评价方法分别是成本效益分析法和公共部门参照标准比较法。成本效益分析法，即评估项目价值的方法是比较项目的全部成本和效益，以求在投资决策上用最小的成本获得最大的效益，常用于对需要量化社会效益的公共事业项目的价值进行评估。公共部门参照标准比较法中，公共部门参照标准是政府在参照类似项目的基础上，根据项目的实际情况制定出政府提供项目的标杆成本，将 PPP 模式下的成本与此标杆成本比较，从而用来判断 PPP 模式是否更加物有所值。这两种物有所值的评价方法具体发展如下：

1. 成本效益分析法

1936 年，美国的《联邦航海法案》是成本效益分析法的首次实际运用，该法案要求能够证明项目收益超过项目成本，同时海军工程师可计划采用任何改善排水系统的项目，为了测算项目成本和收益，海军工程师专门研究制定了该套系统方法理论。20 世纪 50 年代，经济学家深化了这一理论，并将其应用到了项目决策分析中。成本效益分析法的基本原理是：为了选择出最优的决策方案，针对某项目的若干可能性方案，运用一定的技术方法，通过比较方法并依据一定的原则，计算出每种方案的成本和收益。在评估需要量化社会效益的公共事业项目价值时常用到该方法，非公共行业的管理者也可采用这种方法来分析某一大型项目的无形收益。不同国家、地区或部门，在收益率的确定、指标选择、评价项目等方面成本效益评价法的运用存在一定差异化。其中，评价指标最具有多样性，包括成本现值、收益现值、净现值、收益成本比等。目前这些多角度的评价指标中运用较多的是将所有收益现值与成本现值之差即净现值（NPV）作为评价指标。也就是说，应用成本效益分析法需要量化每一个方案的所有成本和收益并计算其现值。

在总结国外一些国家的实际应用情况基础上，当应用成本效益评价法时可以关注以下几个方面：第一，将未来发生的各项成本和效益转化成现值时，需要慎重选择折现率。选择不同的折现率，折现后的总成本和总效益会产生较大的差额。选定折现率时，通常要对当时的利率水平以及预期的通胀水平进行参考。第二，在进行评价时，要全面地考虑项目的各个方案。首先要分别评价传统的政府采购模式和 PPP 模式这两个方案；其次要列出每个方案下产生的每项成本支出及每项效益收入；对某一行为的产生，需要考虑其各个方面的支出或收入，如采购某台设备，不仅要考虑价钱，还要考虑询价、运输等过程产生的费用以及消费税等支出。第三，对于有些不能直接用货币衡量或不能确定的成本或效益，在定价时需要做出相应的假设，可参照以往项目的经验数据或根据工程师的经验进行确定，但这些定价可能是不准确的，并会对最终的决策产生一定影响。例如，要对设计失误产生的风险，或是在当前情况下不能确定的某项工程量进行定价。

成本效益评价法已经比较成熟，但该方法需要大量的数据支持和诸多假设，从而导致计算工作量较大，受到数据来源和定价准确性方面的弊端的限制。目前国际上应用成本效益评价法的国家和地区不多，如在决策是否进行基础设施项目建设时澳大利亚会使用该方法，但在传统政府采购和 PPP 模式之间抉择时，则会使用公共部门参照标准法进行决策。

2. 公共部门参照标准比较法

公共部门参照标准比较法是进行物有所值评价的另一种常用方法。物有所值可以理解为建设一定标准与质量水平的项目，在统一折算成货币后，所付出的费用以及其他支出价格最低。这就需要计算出政府采购模式下的费用支出，进而将其他采购模式下建设相同项目的总费用与政府采购模式的总费用进行比较。也就是说，可以通过公共部门参照标准与 PPP 进行对比，来衡量采用 PPP 模式是否更加物有所值。其中，PSC 综合考虑了服务质量、价格、时间、风险分担以及政府为项目融资的可能性，是一个标杆价格。PPP 模式是否更物有所值，理论上来说，政府可根据 PSC 这个标杆来判断。只有当 PPP 模式下的价值优于 PSC 时，即 PPP 下的投资净现值低于 PSC 这个标杆，政府才会选择采用 PPP 模式。例如，日本在决定是否引入私人部门参与基础设施建设之前，都要综合考虑风险转移等多种因素，确定实现相同的效果所需的 PSC 以及 PPP 报价，只有 PPP 模式下更加物有所值，私人部门才可以参与项目的采购。当 PSC 和 PPP 报价比较接近时，政府会倾向于选择采用 PPP 模式，因为考虑到可以将部分风险转移给私人部门。在计算 PSC 和 PPP 模式报价时，需要对一些因素，特别是风险因素做出假设和估计。有时决策会变得很困难，因为 PSC 和 PPP 报价的差别会很小，甚至某些假设条件会改变二者的大小关系。为了解决这个问题，在做出重要的假设或者评价关键风险因素时，有必要进行敏感性分析，从而尽量提高评价和决策的准确性。

随着 PPP 模式的发展和逐步成熟，很多项目特别是基础设施建设项目采用了 PPP 模式。PSC 可评价桥梁、铁路、废水处理、能源设施、体育设施等项目。PSC 被英国、澳大利亚、日本和荷兰等国家应用在物有所值评价中。特别是英国和澳大利亚，已经将 PSC 作为 PPP 模式的组成部分，许多判定方法都采用了政府部门比较值这一概念。日本采用 PPP 模式的前提是在项目采购之前，必须先确定 PSC 模型，确保 PPP 更有价值，而且要求相关部门必须用定量数字，如百分比、实际金额的形式公示物有所值的具体程度。另外，像南非和荷兰等国，在筛选基础设施项目采购模式时，也规定相关部门要使用 PSC 这一标杆价格。近年来，PSC 也已经开始被中国香港用来进行项目评价，并且 PSC 逐渐成为了项目采购过程中的重要一环。加拿大正在积极建立一个包含 PSC 的评价体系的物有所值评价体系，将运用到项目采购阶段的分析评价中。欧洲的爱尔兰借鉴英国的方法，稳步推进 PSC 评价方法应用在项目采购评价过程中。但是，这种评价方法只是在部分国家应用，目前大部分国家和地区在采用 PPP 之前，并没有完全应用这种基于 PSC 的评价方法来确定项目是否物有所值。例如，美国的大部分项目都是以州政府为单位组织采购，而各州的做法也不尽相同，PSC 和 PPP 评价在美国统一推广应用的可能性很小。据悉，部分国家和地区只在投标报价过程中进行物有所值评价。有时，私人部门要中标，投标报价通常会比政府采购价格低 5%~10%。例如，阿根廷就是采用这种评价方法，从而判定项目是否由私人资本和政府资产结合进行项目采购。

一、国外 VFM 定性评价应用现状

通过物有所值定性评价检查一个项目是否适合采用 PPP 模式，通常无法用货币衡量的因素作为依据。国际上普遍认为物有所值定性评价在 PPP 项目评价中占有重要地位，一般是通过分析和回答一系列问题来进行定性判断，目前没有统一标准的评价框架和程序。因为西方国家 PPP 物有所值定性评价开展较早，所以本书选取了取得较好效果的英国、加拿大、美国和韩国以及经济合作与发展组织的研究进行对比分析。

（一）英国

值得注意的是，英国 VFM 定性评价具有特殊性，不仅需要讨论 PPP 模式适用性的问题，以及 PFI 提供的服务水平能否符合合同要求，而且要深入研究 PFI 的效率、责任、公平合理性问题。例如，在将激励机制、风险转移、融资、长期合同等统筹考量时，PFI 模式对运作项目的合适性分析；主管机构能否胜任项目的实施和管理工作；当下的市场形势与 PFI 模式的适配性问题。基于以上分析，本书从四个具体指标：进行详细评价（生存能力、有利条件、可行性和间接因素），如表 3-1 所示。

表 3-1 英国 VFM 定性评价指标

指标	具体描述	详细审核项
生存能力	投资的目标和结果是否由合同确定产出的形式；PFI 对战略和规章不构成任何问题	目标和结果的适当性； 运营期间的灵活性； 效率性、责任性、公平性

续表

指标	具体描述	详细审核项
有利条件	当 PFI 与其他模式比较时（积极面：风险分担、缩短工期等；消极面：额外的成本），是否应采用 PFI	风险管理； 创新； 服务供给； 激励、管理和监测； 全生命周期成本和剩余价值
可行性	实施机构是否有能力持续管理并监测 PFI 项目；市场形势是否适合实施 PFI	交易成本和企业能力竞争
间接因素	其他间接的 VFM 因素	定性的计划水平； 环境因素； 适用于政府其他方面的创新能否被激发出来

（二）加拿大

根据本国国情，加拿大对 PPP 项目的 VFM 定性评价进行了大量研究，认为 PPP 项目的 VFM 定性评价包括五个基本步骤，分别是确定指标体系、对指标赋予权重、专家打分、综合专家意见、制定决策。该套指标体系的特点是根据同一套指标体系及其权重，以专家打分为依据，对 PPP 模式和政府传统采购模式一对一比较，所以也称为赋值比较法。

1. 评价指标

根据评价指标量化的可能性，将物有所值评价分为可量化和难以量化两类指标考虑，其中定性评价以难以量化指标的具体评价为主。加拿大选出了 18 项具体指标作为参考，提出在具体项目上要结合行业经验进行分析，在指标具体应用上有所调整，体现差异性。

2. 评价过程

对于难以量化的指标建议采用赋值比较法进行比较。政府部门要根据行业经验对指标体系中的具体指标设定对应权重，保证权重求和为 100%，接下来对每个指标设置不同意、不太同意、比较同意和同意四个具体选项，分别设置 1 分、2 分、3 分、4 分四个分数区间。而且每个指标要对 PPP 模式和传统政府采购模式都进行评价，请专家对这两种模式分别进行评分，并给出详细理由。根据打分情况，将每个指标的评分和指标权重相乘求和，得分作为选择模式的核心评判依据，用以判断 PPP 模式和传统政府采购模式的总分高低，计算出在定性评价方法下哪种模式更加物有所值。加拿大选择用四个分数区间而不是三个或五个的原因，是因为他们从以往的经验中总结发现，评审专家常常倾向于以中立态打分（如五个分数区间，那么 3 分是中立选项），因此四个分数区间能更好地规避这种问题。

表 3-2 是加拿大采用 VFM 定性评价赋值比较法的例子。

表 3-2　加拿大 VFM 定性评价赋值比较法

标准	权重（%）	PSC	PPP	PSC 加权结果	PPP 加权结果
目标一致性	35	2	4	0.7	1.4
战略一致性	20	1	4	0.2	0.8
使用者考量	20	3	2	0.6	0.4
市场兴趣	15	2	4	0.3	0.6
运营灵活性	10	4	2	0.4	0.2
合计	100	12	16	2.2	3.4

3. 指标权重

VFM 定性评价的核心步骤是确定合适的评价指标权重，以此作为评价各指标重要性的依据。通常，权重的计算方法主要有两种：一种是主观赋权法，由邀请的专家根据以往工作经验综合考量为每个指标打分，这也是一手数据；另一种是客观赋权法，根据指标在评价中的实际数据汇总成其原始数据。第一种方法的主观随意性更大，第二种则是决策者的主观意愿和经验没有得到有效利用，可能导致权重值与实际重要程度相反。所以，目前定性评价主要采用层次分析法，可以在一定程度上将主观和客观相结合，效果相对较好。

（三）美国

美国 PPP 项目的 VFM 定性评价流程相对简单，主要有明确指标体系、研讨会讨论、集体评价、最终决策四个步骤。该方法更加强调专家的重要性，在听取专家个人意见的基础上，采用集体评议的方式进一步综合专家意见，然后做出决策。当然，这种方式也存在主观性较强的短板，但它灵活性更高，可以有效规避项目特殊性问题，更方便对单个项目进行特殊性考量。

1. 评价指标

该定性评价通常包括以下三个方面的横向比较：公众认知、财务影响（成本、收益及风险）、非财务影响。这三个指标的具体内容包括：公众认知是指由于公众对 PPP 相关概念不理解、不熟悉导致的效果差异化，如"项目20年后可能处于糟糕的境地""经营时间过长导致长期合同约束性有限"等说法，不是本质性差异。事实上，财务影响会直接相关或直接反映在财务现金流中。而非财务影响与财务现金流无关，但在与两种运作方式的定性比较中是必须考量的，如质量差异，交付方法的变更会对组织产生影响以及导致灵活性降低。财务影响是非常重要的，它是采用定量分析的基础。非财务影响虽然在最后的比较中也会用到，但它在本质上归属为定性评价。而在项目后期运营管理中，公众认知方面要求所有参与方都具有良好的知识素养和高效的沟通技能。

2. 指标详解

本书以财务影响为例进行介绍。事实上，激励机制和治理结构对财务影响（最终是 VFM 评价）的作用是非常显著的，它们也是 VFM 评价和构建 PPP 合同的核心。例如，VFM 评价不是因为"社会资本方比政府更聪明"，而是由于"治理结构和激励机制的不同"，需要用两种运作模式比较结果进行判断。激励机制与治理结构又可以细化到以下四个方面：

整合集中。从全生命周期的视角，将项目不同流程的资源进行整合，如建设和维护阶段的资源整合，可以产生协同增益效应，从而降低项目全生命周期总成本。但是，采用传统采购模式，两个流程会由不同的政府部门负责，资源整合困难。而 PPP 模式下可以将两个流程写在一份合同里，这样在市场竞争压力下，社会资本方会尝试采用合作的方式降低成本，从而赢得政府采购权。

产出规范。产出规范下社会资本方在项目设计和采用新材料时可以有一定自由度。但是这种自由度需要社会资本方对成果进行明确规定。在实践中，社会资本方往往在利用自由度这一相对优势时存在一定挑战，因为他们要达到政府要求。

财务激励。在 PPP 模式下，通过采用合同的支付机制和政府采购中的竞争效益实现直接的财务激励，例如，可以促使社会资本方关注于全生命周期的风险管理和成本控制。

复杂性。由于涉及对象广泛，PPP 合同相对更加复杂，因此需要较多法律专家和财务专家。除此之外，在设计方案上，竞争性招投标会出现多个社会资本方的多个设计方案，相比之下加大了交易成本。在没有 PPP 经验或该 PPP 项目比较独特的情况下，交易成本会进一步拉大，从而利用标准化合约可能性更小。但是，PPP 项目越多，交易成本整体减少越多。

表 3-3 是财务影响的驱动因素的一个例子。

表 3-3　财务影响的驱动因素

治理结构	传统的采购模式	PPP 模式
整合集中	多个合同，政府是整合者	一个合同，社会资本方是整合者
规范	投入规范，详细决定设计产出和工程方案	产出规范，允许创造性的方案和全生命周期成本
财务激励	支付机制通常遵从承包商的成本结构，如分期付款	依绩效支付
竞争	取决于政府，一部分可能是内购，因此没有竞争	整个合同都包含竞争性招投标
风险管理	风险不明确，且大多由政府承担	风险明确且遵从"最有效控制原则"
复杂性	合同标准化，相对简单	合同较为复杂，需要双方均有财务专家和法律专家

财务影响的积极作用都建立在合理的 PPP 架构基础上。不合理的架构通常会事与愿违，产生相反效果：在设置不合理的情况下，长期合约将不利于市场竞争，而且会降低激励效应。所以，PPP 合同的范围界定、风险分担及其他架构设置要合理可行。

3. 召开研讨会

以上的财务影响驱动因素仅仅是定性评价的基本架构，项目不同，具体应用也将有所区别。所以，召开研讨会是实现具体问题具体分析、互相交换信息和头脑风暴提出创意的重要方法途径。但研讨会的主导者需时刻谨记这三种影响（公众认知、财务和非财务）的不同，并对 PPP 合同的内容和机制深入研究、熟练掌握。

研讨会一般有两步。首先是邀请每位专家填写一张列出 PPP 模式和传统采购模式潜在不同的表，并且专家个人评论要以注释的形式附上。其次是进行集体评议。主导者先简单概述分数和评论，接下来大家对意见不同的地方进行集体讨论。研讨会参与者必须由不同的专家（工程管理、财务、技术、法律）及政府的不同部门（项目发起部门、项目维护部门）组成。

表 3-4 是运作模式比较表的一个例子。

表 3-4　运作模式比较表

风险管理	强烈不同意	不同意	中立	同意	强烈同意
评论：					
全生命周期最优化	强烈不同意	不同意	中立	同意	强烈同意
评论：					
规模经济	强烈不同意	不同意	中立	同意	强烈同意
评论：					
创新及创造性解决方案	强烈不同意	不同意	中立	同意	强烈同意
评论：					

（四）韩国

韩国在充分考虑 PPP 项目特点的基础上，结合亚洲国家特殊的经济、社会、文化、民俗等因素，用 VFM 分析指导文件的形式明确了 VFM 定性评价的评估宗旨，主要关注以下问题：服务质量提高的可能性、合同执行和管理的效率、风险共担的影响、管理效率和连锁效应以及项目独特性。

在确定评估宗旨后，就要依据评估宗旨把问题分解成具体指标，然后对指标进行进一步分析、概括和细化。与其他国家不同的是，韩国在评价指标上强调评价指标的先后顺序重要性，并依据其评估宗旨，把评价指标分别定为 PPP 的适当性、项目实施的效率性和公益性、项目实施的便捷性和风险分担的影响、连锁效应及项目的独特性四种。

PPP 的适当性。不是所有项目都适合使用 PPP 模式，前期要对讨论中的项目是否适用 PPP 模式进行评价。韩国在 PPP 相关法案中对适用 PPP 模式的项目类型进行了详尽的规定，并明确了 44 种适用 PPP 模式的项目类型。PPP 项目应该是符合政府政策但政府由于资金压力无法独自实施的项目。所以，首先要对讨论项目是否符合政府政策导向进行判断。例如，道路工程项目首先要审查是否符合政府的顶层设计、道路改造基础计划和中央政府及地方政府直接或间接的相关计划，这是一切工作的前提。只有符合政府政策，才能进一步审查是否满足或超出政府预期的质量标准，同时要研究确定与项目建设运营相关的法规政策和规定约束对项目合同是否具有强制性。

PPP 的适当性评估要求如表 3-5 所示。

表 3-5 PPP 的适当性

评估主题	细节问题
PPP 适用性	项目类型是否符合 PPP 法
	项目是否符合国家中长期计划
	主管机构实施意愿；项目是否符合政策；政府机构能否管理监测项目
	项目的目标、范围、服务水平是否明确
	服务质量的提高；相比传统模式是否有所提高
	合同执行和管理的便捷性；与项目建设和运营相关的规定对项目合同是不是强制性的

项目实施的效率性和公益性。通常竞争有利于激发 PPP 项目的创造力和效率性，但如果是排他的项目，这样反而会使效率降低，所以要对项目采用 PPP 模式是否会减少竞争进行分析；对于实体和会计上均独立的一个已存在项目，竞争会激发 PPP 项目的潜力。此外，用户除项目外的选择权也是评估公益性和效率性的一个重要考虑因素。

项目实施的效率性和公益性评估描述如表 3-6 所示。

表 3-6　项目实施的效率性和公益性

评估主题	细节问题
项目实施的效率	项目是否会减少竞争
	项目是否独立于已存在的项目
	用户在被收费时是否有替代性选择

项目实施的便捷性。和传统政府采购模式相比，PPP 项目更加容易受外界环境影响。特别是当经济下滑或企业财务困难时，项目前期的升级方案极有可能无法实施，从而导致实际需求和预测需求存在一定差距。所以，对项目的环境（经济、社会、政治、文化）约束进行评估是非常有必要的。甚至有些 PPP 项目会因韩国选举过程中的民众行为发生变更。而且，项目影响越大，韩国政党参与的积极性越高，因此要面对政党关注就越多。在韩国，政党参与是评估项目实施便捷性的重要因素之一。虽然通过项目前期规划阶段的 VFM 分析很难对这些内容进行预测，但是在韩国，根据环境因素和民众行动决定是否实施项目的考量是非常有必要的。

项目实施的便捷性评估描述如表 3-7 所示。

表 3-7　项目实施的便捷性

评估主题	细节问题
项目实施的便捷性	项目的环境（政治、社会、经济）约束是否存在
	参与项目并共享收益共担损失的政党是否存在

风险分担的影响、连锁效应及项目的独特性。近年来，政府力推 PPP，其主要原因是该模式下项目在运营期间可实现与社会资本方风险共担。虽然社会资本方主要风险是建设和运营过程中的问题，且建设运营期间与商业环境、体制有关

的风险是由政府承担的，但社会资本方要对建设运营的绩效收入承担主要责任。特别是在 BTO 模式下，按规定社会资本方也要承担相应的需求风险。采用定性评价方法，在除了需求风险、建设风险、运营风险之外，确定特许经营权获得者可能要承担的主要风险的现状，可较准确地评估项目在风险分担方面能否实现物有所值。在 PPP 模式下，项目的设计和建设过程中创新方法，去除运营的无效率行为，可实现收益拓展到用户和当地社区的目标。采用这种定性评价，可有效评估 PPP 项目技术、管理、融资创新将会带来的连锁效应。此外，评估 PPP 项目能否实现物有所值是非常有必要的，它可以把项目的独特性反映在其中。

项目实施的便捷性评估描述如表 3-8 所示。

表 3-8　项目实施的便捷性

评估主题	细节问题
风险分担的影响	与社会资本方分担需求、建设、运营风险是否可能；确定与社会资本方分担的其他风险因素
连锁效应	社会资本方的参与是否能带来政府技术和管理提高的连锁效应；高度先进的融资技术的引入是否会造成金融市场的繁荣
项目的独特性	在安全方面对项目实施方式是否有任何限制等；是否存在受知识产权法保护的国内或国际的专利权、施工方法或技术等

通过对英国、加拿大、韩国、美国的 PPP 物有所值定性评价的经验进行对比分析，有以下五个方面值得我国借鉴学习：第一，可以根据特点将项目分为若干个阶段，并分阶段单独进行物有所值定性评价，从而有助于实现评价贯穿于项目全生命周期；第二，分层次设定定性评价指标，并着力构建项目系统性评价指标体系；第三，构建覆盖范围更加广泛的通用指标体系，可以根据行业、项目特征自主选择评价指标；第四，在 VFM 定性评价的过程中，合理运用定量分析工具，将有效提高准确性；第五，关注评价发现、解决问题的核心功能，根据评价结果对项目进行适当调整。

（五）经济合作与发展组织（OECD）

《如何实现物有所值》（*How to Attain Value for Money*）是 OECD 关于物有所值的重要文件，在文件中系统全面地介绍了物有所值的含义、流程、评价方法等内容。

1. 主要指标

（1）界定、识别及衡量风险。如何对风险进行界定、识别及衡量？为了保证相关风险能够真实转移给社会资本方，相关风险应当被准确界定、科学识别及有效衡量。对于不能被界定、识别及衡量的风险，在合同中需要设置详细的纠纷解决机制。

（2）风险转移。风险能否被有效转移给社会资本方以实现物有所值。例如，若转移的只是建造和移交的部分风险，而对供给和需求方面的运营风险没有进行转移，那么项目的风险就没有被有效转移，从而无法保证实现物有所值。如果由于一些原因这类运营风险无法实现转移，或者社会资本方不愿承担，则运用 PPP 模式就不合理。事实上，政府最需要转移风险的是内生风险，也可以理解为社会资本方能够控制的风险。但如果政府还需要转移一些外生风险（外生于政府和社会资本方的风险），那么政府就应该为社会资本方的承担行为做出相应的补偿（这种支付类似于保险费）。

（3）风险大小。风险大小会对物有所值分析结果造成多大影响？一般而言，与社会资本方的利润相比，如果实际成本利润率与预期成本利润率的差距较小，那么风险就不是很大，影响也是有限的。这时运用 PPP 模式来保证物有所值就意义较小了。

（4）承担风险的意愿。社会资本方承担风险的意向有多大？如果相较于社会资本方的利润，实际成本利润与预期成本利润的差异很大，但是社会资本方不愿承担这些风险，那么政府将承担过多风险。例如，收费公路项目，通常政府要保证利润，防止车流量低于一定水平。但如果该水平与实际水平比较接近，那么政府就没有转移多少风险。这样的话，运用 PPP 模式来保证物有所值就没有太大的意义。

（5）市场竞争形势。潜在的市场竞争水平如何？如果是有限竞争，政府将遇会到很多麻烦。市场竞争对于运用传统政府采购模式和项目招标是很重要的，但PPP模式可以整合项目的建造和运营阶段（这一般不会在传统政府采购模式中出现）。竞争在保证PPP项目物有所值上扮演着更为重要的角色，在有限的市场竞争前提下，采用PPP模式可能不是一个最佳选择。

（6）参与市场竞争。潜在的参与市场竞争水平如何？根据以上分析，在有限竞争情况下，政府风险转移不理想。但如果合同签订后所有竞争都不存在了，那么市场还是竞争的吗？换句话说，如果政府允许，竞争者是否有机会进入市场？所以，在竞争和可竞争性都不存在的情况下，本书认为PPP模式可能不是一个最好的选择。

2. 附加指标

（1）全生命周期合同。把建造和运营两个阶段放到一个合同中进行整合能获取多少收益？PPP项目中，社会资本方通过减少未来运营成本和维护成本来缓解建造成本的压力，从而使增加的建造成本净现值和减少的运营维护成本净现值相等。而PPP模式下，这种激励能否实现取决于未来成本节约可能性以及项目所要权衡的范围大小。如果范围受到限制，则运用PPP模式的意义就不大。例如，一个项目不需要庞大的资本支持和较长的建造时间，那么能整合的范围就有限，所以采用PPP模式的收益也非常有限。

（2）权衡成本和质量。社会资本方通常会减少未来运营的成本来应对上升的建造成本，但是，这样也会导致社会资本方存在降低项目建造质量的可能。因为社会资本方的最终目标是实现项目利润最大化，所以通常质量不是最先考虑的因素，甚至在考虑先后顺序上非常靠后，但政府一定会将质量作为最高优先级的考虑目标。这种以质量下降来减少未来成本的方式并不可取，更不适合采用PPP模式。应当注意的是，上述情况只有当合同中产出无法被明确界定（或政府没能明确界定）时才会出现。所以需要思考的场景是：项目产出的数量和质量能否可以被界定、量化并衡量，并且能否将其加入到实施绩效支付机制中。

（3）创新的重要性。项目需要如何创新？如果项目利润的高低取决于效率和物有所值的改善，而改善的多少又取决于项目的设计创新程度，这时政府可以考虑 PPP 模式。对于要把设计交给社会资本方的项目，政府不能指定具体设计方案。

（4）政府能力的有效性。政府运营资产能力的有效性是 PPP 模式的基本要求。在政府不具备建造、运营项目的能力情况下，PPP 模式是一个好的选择。但采用 PPP 模式，前提是政府要有经验丰富的人员监管社会资本方，并能妥善处理各类风险。

（5）明显而频繁的技术变迁。虽然创新是选择 PPP 模式的关键，但相关技术变化日新月异，非常频繁。技术创新在项目的建设和运营阶段严重影响资产的性质。快速而显著的技术变迁极有可能导致项目面临更多的供给和积压风险。不断变迁的技术也可能导致消费者偏好改变，从而增加需求风险。所以运用 PPP 模式，在界定产出数量和服务水平上存在很大困难。对于 PPP 的长期（一般 25~30 年）项目，这种问题更明显。

（6）必备的灵活性。Guasch（2004）研究证明，在加勒比地区和拉丁美洲，几乎有超过 30% 的 PPP 项目在合同的前两年会重新谈判，在铁路领域社会资本方发起再谈判比重占 50%，在公路领域占 13%；相对应地，在铁路领域政府没有发起过再谈判，在公路领域有 42.6%。所以说，PPP 合同的变化是很常见的。虽然原则上 PPP 合同会有一定的灵活性以允许产出和设计的变化。但这种灵活程度意味着风险承担的改变；通常合同越固定，政府承担风险越多；反之，社会资本方承担越多风险。目前，通常将政府面临的困难作为判断再设计、资本产出改善的成本是否合理的重要依据。所以，当合同重新谈判的可能性越大时，PPP 模式的相对优势就越小。

3. 补充指标

（1）需求充分性。从项目全生命周期的角度考虑，预期需求能实现方案获取利润并实现利润最大化目标吗？该问题和需求风险关联性不大，主要应考虑需求水平的预测。

（2）外部性的存在。项目外部性有多大，"搭便车"问题会有多严重？通常

"搭便车"就意味着用户需求没有完全显示，这将直接影响用户费用的征收。而为了确保服务水平，政府不得已必须支付全部费用，这样用户就不必付费，使该项目成为完全 PPP 项目。如果政府不支付全部费用，就会采用给予社会资本方补贴的方式，这样变相增加了社会资本方征收的用户费用。应当注意的是，政府支付费用将降低社会资本方的需求风险。

（3）补贴的必要性。在一些特殊项目中，可能存在一定需求且实施用户付费机制，但政府仍需考虑项目所处领域。例如，对于学校或医院的项目，政府通常希望通过补贴（如代金券）的形式资助不太富裕的用户。

二、国外 VFM 定量评价应用现状

目前，英国、美国、加拿大、澳大利亚、德国、新加坡、新西兰、印度、南非等国家都根据本国实情提出了特色化的物有所值定量评价流程和框架，虽然具有差异性，但基本思路是相同的，通过对即将采用 PPP 模式的基础设施及公共服务项目进行传统采购模式与 PPP 模式下的全生命周期净成本现值定量比较，来确定是否物有所值。特别地，英国、美国、印度等国家还开发了对应的定量评价模型和软件，以规范本国市场。总之，采用该方法的国家和地区，物有所值定量评价的核心内容大致相同，本书将其归纳为制定公共部门比较值、制定影子报价、计算物有所值量值三大步骤。

英国公共部门比较值的计算，假设政府作为供应商，生产满足 PFI 采购规格要求的产品或服务，其所需费用进行风险调整后的成本。它具有三个特征：用净现值表示；以目前政府实际能提供的产品或服务的方法（可合理预见的政府能够达到的最优效率）为基准；考虑采用该采购模式会遇到的所有风险。同时，英国财政部对基础设施项目 PPP 模式立项决策中的 VFM 评价程序做出了标准化的规定，规定在项目评价阶段需通过定量的分析手段来分析 PPP 模式的 VFM 值。为了进一步明确 VFM 评价方法的具体操作，英国财政部规定 VFM 评价流程必须包括投资评价、项目评价和采购评价三大阶段。其中，投资评价阶段主要通过定性评价法判断项目是否适合运用 PPP 投资模式；项目评价阶段主要是通过采用 PSC

标准定量判断；采购评价阶段主要是根据定性分析和定量分析相结合，最后进行决策。

德国以上下融合的方式推动和发展 PPP 模式。2004 年，德国成立了联邦竞争中心（Federal Competence Centre），随后大力推动 PPP 模式在公共基础设施中的应用。德国 PPP 项目的采购流程分为项目的初始阶段、前期阶段、招标阶段和执行阶段，其中涉及的 VFM 评价方法包含四个步骤：首先，初始阶段对 PPP 项目进行定性评价，同时多渠道收集 VFM 评价的基本信息；其次，前期阶段制定采购模式的备选方案，包括传统模式和 PPP 模式的备选方案，并进行简单的 PSC 评价；再次，在招标阶段对 PSC 进行精细定量评价，并对比中标者的 PPP 项目投标报价，计算 VFM 价值，签订合同；最后，执行阶段政府对合同的执行情况进行常态化监测，日常采用 VFM 进行持续跟踪与评估评价。

中国香港参考澳大利亚的做法，在《公私合营项目 PPP 指南》中概述了制定公共部门比较值的 12 个关键步骤，依次如下：

第 1 步：制定产出说明。项目产出说明确定政府要采购的服务范围以及每项服务的性能水平。

第 2 步：定义参照项目。参照项目应为政府给予现行最佳实践可以采用的最有效和可行的采购模式，以便满足项目产出说明的所有要素；参照项目应提供与社会资本提供同样的服务质量和水平，才能进行比较；应达到指定合格采购文件的要求。

第 3 步：确定基本公共部门比较值的构成，包括假定政府实施和交付参照项目时，发生的直接和间接等全部成本，以及资本性收益和预期来自第三方的收入。

（1）直接成本，由投资成本、维护费用和运营成本三部分组成。①投资成本，如项目设计施工成本、采购所需设备的成本、购买或租赁土地费用、其他开发成本等；②维护费用，如维护所需的材料、工具/设备、劳动力等成本；③运营成本，如投入的原材料、设备等成本和直接参与提供服务人员的工资、保险等。

（2）间接成本，指有助于提供该服务但并不是专门为此发生的成本，由间接投资成本和间接运营成本两部分组成。①间接投资成本，如厂房或设备的部分投入、行政大楼的部分使用等费用；②间接运营成本包括管理费用和行政费用，如电力、清洁、办公用品、非核心 IT 和管理设备等辅助性费用，以及不直接参与提供服务的人员的工资、物业管理费和项目管理费等。

（3）资本性收益，如在所提供服务之外的前期出售、租赁或处置资产的收益。

（4）预期来自第三方的收入，在参照项目的全生命周期内，产生的第三方收入包括基础设施或相关服务的第三方需求、满足公共需求之外的服务收入。来自第三方的收入可以抵销成本，应该从基本公共部门比较值中扣除。

第 4 步：计算基本公共部门比较值。基本公共部门比较值各项组成的预期现金流需要在参照项目的全生命周期进行预测，并折现为现值。基本公共部门比较值应采用下列公式计算：

基本 PSC 值＝（直接和间接投资成本－资本性收益）＋维护费用＋（直接和间接运营成本－第三方收入）

第 5 步：计算竞争性中立调整值，并加入参照项目的预期现金流中。政府的优势包括不缴纳社会资本需要缴纳的地租、税费、关税等，这些金额的现值应该添加到公共部门比较值中；政府的劣势应该从公共部门比较值中扣减掉。

第 6 步：确定所有的重大风险。就估值而言，公共部门比较值只包括可量化的重大风险。有必要对所有可量化的重大风险进行全面和真实的定价，并包括在公共部门比较值中。在此阶段需要注意，一些类似的风险本身可能微不足道，但聚集在一起时就可能成为重大风险。与此同时，应查明并记录与项目相关联的所有风险，对于无法量化的风险及其原因也应适当记录下来。

第 7 步：量化风险后果。一旦确定了所有的重大风险，就必须评价和量化风险发生可能产生的后果，包括直接后果和间接后果，以及其时序效果，根据时间曲线，不同的风险通常在项目期内有不同的成本。风险矩阵是识别风险后果及其财务影响的有效工具。风险矩阵应说明每个风险如何分配（分配方式有转移、自留或共担），并确定每个风险的主要后果、财务影响和潜在的应对策略。

第 8 步：评估风险的概率。在确定重大风险和评价各种潜在后果后，需要估算每个后果发生的概率，并考虑概率是否随时间推移而变化。用多重风险估值技术可以估计各项概率，如主观估计、多变量统计技术等。特定项目或特定风险采用的具体风险估值技术，取决于该项目的意义、范围以及风险的复杂性等。

第 9 步：风险承担成本（或分现值）的计算。一般先计算各个风险承担成本，然后加总。由于一个特定的风险常常有一个以上的可能后果，风险承担成本应该是所有这些后果按照概率分布进行加权计算，然后求和。另外，虽然特定的风险是可识别的，但可能非常难以评估与该风险有关的财务影响。因此，考虑到任何可能没有观察到的情况，各主要风险均应包括一个不可预见风险，否则会导致风险被低估。每个风险承担成本均可使用下面的公式计算。

单个风险承担成本 = $\sum$（风险的某个后果×该后果的发生概率）+ 不可预见费

第 10 步：确定期望和风险分配。基于 PPP 模式的风险分担原则，将项目风险分为可转移风险和自留风险，前者由社会资本承担，后者由政府自身承担。

第 11 步：计算可转移风险和自留风险承担成本。可转移风险承担成本是政府愿意为在 PPP 模式下向社会资本转移风险所支付的成本。自留风险承担成本是政府愿意在 PPP 模式下为自留的风险所付出的成本。当某特定风险由政府与社会资本共担时，有必要把风险分解为可转移部分和自留部分。一旦所有的可转移风险和自留风险已经确定，在参照项目的全生命周期内，与每个风险相关的预期现金流的大小和时间应表示为净现值。每个风险应列为一个独立的现金流项，然后汇总，形成公共部门比较值的可转移风险和自留风险部分。这样可以进行风险分析和公共部门比较值的敏感性分析。

第 12 步：计算公共部门比较值。公共部门比较值是四个组成部分的现值之和，计算公式如下：

PSC = 基本 PSC + 竞争性中立调整值 + 可转移风险承担成本 + 自留风险承担成本

第三节　国内 VFM 评价的应用现状

一、VFM 指引的应用现状

从 2014 年开始，财政部各文件中多次提出，推进 PPP 模式在基础建设项目中的应用，并将物有所值评价体系运用在 PPP 模式中。2015 年，财政部在借鉴国内外经验的同时，立足我国国情制定并颁布了《指引》，成为我国物有所值评价体系的理论指南。在《指引》中，详细地介绍了一些评价指标和细则，并指出在我国物有所值的评价方法推荐采用定性评价，鼓励开展定量研究。《指引》分为六章，包括总则、评价准备、定性评价、定量评价、财务报告和信息披露、附则。

《指引》第一章总则包含第一至第七条，主要讲述了国家财政部颁布评价指南的动机、作用及评价原则。VFM 的评价方法有定性评价和定量评价，在我国 VFM 评价工作还处于早期研究阶段时，采用的评价方法以定性评价为主，也支持定量评价。关于 VFM 评价工作应该在项目识别或者准备的阶段进行，其中，定量评价应该将项目全生命周期内所有的成本、风险考虑到预算中，是数据收集的重要手段，能为项目决策和期末绩效考核提供重要依据，鼓励政府和企业方将定量分析与定性分析有机结合，为项目决策提供准确判断。对于 PPP 项目方案的制定，《指引》提倡由政府等相关主管部门、社会资本合作方和第三方专家组共同完成。

第二章评价准备内容包括第八至第十条，重点阐述了进行物有所值评价工作需要的基本资料：实施方案（初步），项目产出情况说明，风险辨识和分配情况，存量公共资产的现有历史资料，新建、改扩建项目的可行性研究报告、设计方案文件等。在评价前还要对是否开展定量分析评价进行判断，确定程序、指标、权重以及评价的标准。明确将要开展定量评价之后，应明确评价的内容、测算的指标及方法和定量评价的结论能否作为采用 PPP 模式的决定性依据。

第三章定性评价包含第十一至第二十五条，解释了六项定性指标和补充评价指标。定性指标包括全生命周期整合程度、风险识别与分配、绩效导向与鼓励创新、潜在竞争程度、政府机构能力、可融资性六项基本评价指标；补充评价指标包括项目规模大小、预期使用寿命长短、主要固定资产种类、全生命周期成本测算准确性、运营收入增长潜力、行业示范性等。《指引》规定了评价指标、补充指标的比例范围和设置依据。规定在设置权重时必须对每项指标制定清晰、明确的标准，原则上评价指标每项权重不能超过 20%，补充指标不能超过 10%，具体分值可以根据项目实际情况进行调整。同时，《指引》还对专家组的人员提出了要求，规定了项目专家组构成人员专业类别包括会计、金融、财政、资产评估等经济方面专家和行业、项目管理、工程技术和法律方面专家等。并要求项目公司保证基本资料真实、准确并及时送达到专家手上，以便专家组更充分掌握项目的具体情况，方便专家组投票评分。同时，《指引》对专家组会议基本流程也进行了简单说明。

第四章定量评价包括第二十六至第三十三条，这一章主要介绍了使用定量分析方法评价 VFM 的具体步骤和说明，对 PPP 值、PSC 值、参照项目、政府自留风险、竞争性中立调整、项目全部风险成本、建设净成本、折现率等概念进行了解释并对科目的计算进行了规定。

第五章财务报告和信息披露包括第三十四至第三十九条，其中规定了在物有所值评价结论出具后，需要编制完成物有所值评价报告，报省一级财政部门进行备案，并将报告的电子版上传至 PPP 综合信息平台。并明确规定了报告的内容和披露时间，要求项目期满后，项目的本级财政部门和行业主管部门都将物有所值评价报告作为项目绩效评价的重要依据，并对照进行统计和分析。鼓励各级财政部门（或 PPP 中心）加强对 PPP 模式硬件、软件的建设，具体包括对数据库的建设、对第三方评价机构的培养与监督。

第六章附则只包含第四十条，确定《指引》自印发之日起施行，有效期为

2 年。

2016 年 10 月，财政部颁布了《新指引》。与 2015 年的《指引》相比，《新指引》在 PPP 模式上进行了补充和完善，《新指引》同样分为六章共计四十八条，比《指引》新增了八条细则；具体内容上也相应地发生了较大的变化。

《新指引》第一章总则中，由《指引》的"现阶段以定性评价为主，鼓励开展定量评价"改为"中华人民共和国境内拟采用、已采用 PPP 模式实施的项目（以下统称 PPP 项目）应开展物有所值初始定量和定性评价和中期评价"，特别是初始的物有所值评价顺序改为先定量分析后定性分析。该部分强调中期物有所值评价应该在该项目启动运营后的 3~5 年内开展，将对物有所值实现程度定为项目中期评估的重要组成部分。此外，还规定发起时间晚于 2016 年 1 月 1 日的 PPP 项目都需要开展中期物有所值评价，但是其评价中定性评价可以不包括。

第二章评价准备中新增了一条"能力准备"，主张财政部门（或 PPP 中心）、行业主管部门、实施机构、企业、专家、咨询服务机构等相关主体需要进一步加深对物有所值评价方法的理解，包括 PPP 模式的概念和运营理念，以及定性评价、净现值、折现值、年值、终值、股权投资支出等概念和相关计算方法。另外对中期物有所值定量评价的资料进行了规范，要求包括竣工决算报告、项目公司财务报表、绩效监测报告、PPP 项目合同及其风险分配安排、政府对 PPP 项目的支出报告、项目初始物有所值定量评价资料等。

第三章定量评价，相比《指引》，《新指引》对定量评价的指标进行了更详细的解释和扩展。首先，对折现率的选择进行了规范，应该在参考同期地方政府债券的收益率的基础上根据项目实际确定，在计算各年度的成本、收益、收入、竞争性中立调整值等时需要利用折现率换算成现值。其次，对 PSC 值和 PPP 值的组成部分、计算方法等进行了深入的分析，并直观地描述了不同情况下选择计算值的准则和方法。另外，规定了使用定量评价的 4 条原则，在保证科学性的前提下更加严谨化。最后，《新指引》新增了在存量项目 PSC 值、PPP 值的计算和在中期物有所值定量评价的确定原则。

第四章定性评价，在定性评价指标中新增了"项目内资产相关度"评价指标，将《指引》中的 6 项定性评价指标增加为 7 项；在补充指标方面，将《指引》中的 6 项指标改为 5 项，删减了"主要固定资产种类""行业示范性" 2 项指标，新增了"区域带动" 1 项指标；在定性评价专家的组成上，新增了区域规划发展和环境保护方面的专家，并对专家的数量和选择做出了详细规定。最后，《新指引》增加了一条特别项，即对于国家级及省级贫困县的项目在专家打出的加权平均分的基础上加 10 分，以此作为定性评价最终得分。

第五章财务报告与信息披露，此部分无较大变化。

第六章附则，规定了《新指引》自印发之日起生效，《指引》同时废止。

二、VFM 评价的实施现状

现阶段，虽然 VFM 评价应用还处于前期探索阶段，但是国内迫切需要开展对物有所值评价的应用。

第一，PPP 模式与 VFM 评价联系密切，从项目立项、模式识别、设计方案到项目评估均相互依赖。根据《关于规范政府和社会资本合作 PPP 综合信息平台运行的通知》（财金〔2015〕166 号）描述，我国已经建立了全国政府和社会资本合作（PPP）综合信息平台及项目管理库。根据全生命周期的特点，将 PPP 项目分为识别、准备、采购、执行和移交 5 个阶段，将后 4 个阶段纳入管理库。根据全国 PPP 综合信息平台统计数据，截至 2021 年，管理库累计项目为 10243 个、投资额为 16.2 万亿元，31 个省份及新疆生产建设兵团和 19 个行业领域均已覆盖。具体包括农业、林业、科技、水利建设、生态建设和环境保护、文化、体育、医疗卫生、养老、教育、社会保障、政府基础设施、交通运输、市政工程、城镇综合开发等 19 个一级行业。截至 2016 年，累计落地项目为 5811 个、投资额为 8.8 万亿元，落地率为 64.3%（落地率是指执行和移交两个阶段项目数之和与管理库项目数的比值），累计开工项目为 3446 个、投资额为 5.1 万亿元，开工率为 59.3%（开工率指累计开工项目与累计落地项目的比值）。从发展趋势来看，我国政府采购正在由注重程序规范向注重实效的 VFM 制度转变，越来越多的 PPP 项目入库对 VFM 评价的运用提出了更高的要求。

第二，社会上能做 PPP 项目 VFM 评价的第三方评估机构较少，专业人才也因此较少，评估结果权威性不足，专业机构凤毛麟角。

第三，VFM 论证强调定性评价，同时鼓励定量评价。从公布的第三批社会资本合作项目信息可以看出，现阶段我国大型示范项目的物有所值论证报告主要是定性评价，基本上来自《指引》；其中，定性指标权重的设置基本无变化，定性评价最后的得分通常采用专家打分法与加权平均法相结合的方式。由于定量评价没有相关硬性指标规定，因此具有很大的主观性，大型示范项目涉及定量评价的极少。项目的定量评价部分，竞争性中立调整值和风险承担成本直接采用以建设运营成本为基础乘数来计算，这导致定量评价部分流于形式，本来优势没有得到运用。

第四，目前物有所值评价应用只运用在项目立项和识别等前期阶段，在项目其他阶段无法进行全面、多轮的物有所值定量评价，其准确性也难以得到验证。

第五，与国外实践相比，我国研究起步较晚，物有所值相关的法律法规体系还在完善过程中，人才队伍建设尚未形成规模，评价所需要的数据库还在筹建阶段，VFM 评价的本土化应用有待进一步深入，这些问题阻碍了 VFM 评价在 PPP 项目中的推广应用。

第六，我国政府采购正在由注重程序规范向注重实效的 VFM 制度转变。2013 年，在全国政府采购工作会议上首次提出，政府采购制度目标要从注重节资反腐向注重物有所值转变，转变评判标准。之后，VFM 制度在政府采购（尤其是 PPP 模式的采购）中不断被提及，但我国政府目前的采购制度与 VFM 相关制度要求尚有一定偏离。

（1）采购目标有差异。现阶段，仅有财政部颁布的《指引》可以应用在我国政府采购项目评判中，缺少系统的政府 VFM 采购法律规定。《中华人民共和国政府采购法》强调"为了规范政府采购行为，提高政府采购资金的使用效益"为立法宗旨，在内容上着重规范政府采购当事人资格、条件、职责、工作流程、行为要素等，强调过程控制和管理，重点防范项目过程风险和腐败问题，提倡要节约采购支出。这种制度导向的假定前提要求所有政府采购当事人都是理性的，只要当事人都按照法律规定的流程进行政府采购操作，那么采购结果都是可以接受且应该予以接受的。从采购目标来看，没有明确 VFM 的原则导向，也未充分体现以物有所值比较价值增值的基本理念。

（2）与 VFM 重视的要素有差异。目前，我国政府采购制度将提高政府采购资金使用效益、节约财政资金使用等要素作为主要管理内容，标的价格是最核心的考虑因素。但是在基于 VFM 制度的政府采购，最后采购的标的价格不一定是取其低者中标，社会效用才是考量的关键，通常增加的社会效用将明显超过其价格高出的价值。

（3）忽视采购结果与采购需求的对应管理。为了减少人员的主观操控空间，我国现行政府采购制度对政府采购过程的管理和控制清晰且严格，但这样也导致政府采购程序缺乏弹性，没有足够的灵活性。现阶段，政府采购项目只要达到一定资金标准，都必须实行公开招标，变更采购方式也必须报经审批，流程比较僵硬。有的项目不恰当地选用了公开招标方式，错过了最佳采购时机，也缺少关注性价比的因素。有的地区政府采购项目相对集中，部分项目批量采购规模较大，存在极少数供应商采用非市场化手段进行竞争，导致项目的社会价值无法全部且真实地体现，同时政府对采购结果缺乏评判和合适的管理办法，难以采用 VFM 制度进行采购。

第四章　PPP 项目 VFM 评价案例分析

第一节　B 市道路及地下综合管廊工程

一、项目概况

（一）建设性质及建设内容

B 市拟建设市政项目道路及地下综合管廊工程，该项目由两部分构成。一部分改造原有的项目，原有的道路排水泵站，长度为 2246 米；原有的地下综合管廊项目为 1650 米。另一部分是新建项目，计划合作 50 年，新建道路 1710 米，并建设配套的地下综合管廊，管廊设计全部为矩形单舱支线，并集中铺设强电、弱电、中水、给水等管线。

（二）项目总投资及资金来源

该项目建设投资达 24042.00 万元，建设期利息达 862.27 万元，总投资 24904.27 万元。建设投资作为固定资产投资，其中：a 路 8250 万元、b 路 3530 万元、c 路 9900 万元。具体费用构成如表 4-1 所示。

表 4-1　项目投资估算

费用名称	总值（万元）
建设投资	24042.00
a 路	8250.00
a 路道路	4500.00
a 路综合管廊	3750.00
b 路	3530.00
b 路道路	2150.00
b 路综合管廊	1380.00
c 路	9900.00
c 路道路	3300.00
c 路综合管廊	6600.00
财政补助（土地费用）	2362.00
建设期利息	862.27
项目总投资	24904.27

根据 2017 年 a 路、b 路和 c 路的建设期投资计划，为 B 市道路及地下综合管廊工程进行建设期利息的估算，其中建设投资的 80% 为债务资金，贷款利率按商业银行中长期贷款率（暂取 4.9%），当年建设期利息＝（上年度全部借款本金＋上年度全部借款本金所产生的贷款利息＋当年贷款本金/2）×建设期贷款利率，本项目建设期利息估算统计表如表 4-2 所示。

表 4-2　B 市道路及地下综合管廊工程项目建设期利息估算统计

单位：万元

项目名称	金额	2017 年	2018 年
建设投资	24042.00	10890.00	10790.00
道路投资	9950.00	5000.00	4950.00
管廊投资	11730.00	5890.00	5840.00
财政补助（土地费用）	2362.00	2362.00	0.00
建设期利息	862.27	213.44	648.83
道路建设期利息	395.82	98.00	297.82
管廊建设期利息	466.45	115.44	351.01

（三）融资结构

B 市道路及地下综合管廊工程项目总投资额为 24904.27 万元，根据国务院相关规定，该工程项目资本金比率最低为 20%。项目资本金拟定为 4980.85 万元，本项目由政府方出资 2.01%（100 万元），中选的社会资本方出资 97.99%（4880.85 万元）成立项目公司。

（四）运作方式

综合考虑该项目资金周转、政府财政压力、收费定价原理、项目投资收益情况、风险分配基本机制等因素，B 市道路及地下综合管廊工程项目拟采取"BOT+ROT"的运作方式，前期暂定合作期限 15 年，包括建设期限 2 年，运营期限 13 年。在满足工程质量安全、完成计划任务的条件下，建设期提前结束的项目，项目合作期可以酌情进行调减。

项目公司主要负责道路及地下综合管廊工程项目的投融资、建设和期中运营维护等工作，由于该项目属于基础设施建设，管廊有偿使用费较低，难以弥补其建设运营总成本和期望利润值，政府计划在运营期每年给予运营方一定的补贴以保证项目健康运营。"管办分离、风险共担"的"BOT+ROT"模式使投资方责任、权力更加明确，其中"B"即项目建设公司需要承担新建项目的投融资及建设义务，这主要包括完成市 a、b、c 三条路道的路配套和地下综合管廊工程，其中 a 路段全长 1250 米，b、c 路道路配套及地下综合管廊工程分别为 460 米、2246 米；"R"指的是项目建设公司承担 c 路的道路排水泵站综合改造工程建设义务，具体要求见《2017 年度 B 市道路及地下综合管廊工程可行性研究报告》和《2017 年度 B 市道路及地下综合管廊工程项目建议书》；"O"指的是项目建设公司承担项目的运营及维护工作，这包括地下综合管廊主体、道路的综合运营及维护工作；"T"指的是工程项目的移交工作，指在项目运营期满后，项目建设公司需要将地下综合管廊、道路的运营权、管理权等一并移交给政府。

（五）付费机制

本项目采用可行性缺口补助的付费机制，项目公司先向入驻道路和廊道的单位收取一定的入廊费和综合管廊的运营费、维护费作为企业收入，项目公司需要承担廊道基础设施的日常维护；作为准经营性项目，该项目同样存在营业收入不能满足全部成本回收和合理利润空间的问题，因此需要政府给予可行性缺口经济补助，补助方式可以多样化。

政府可行性缺口补助主要包括两个方面：一是运营期间政府基于项目可用性支付服务费，二是政府基于绩效考核支付运维服务费。依据前期的可行性报告和项目报告书确定项目的合理回报率和绩效指标体系，并根据项目公司的实际运营表现，弹性支付可用性服务费与运维服务费。

二、项目物有所值定性评价

（一）物有所值定性评价说明

根据财政部的相关文件，以项目本身的实际情况为依托，为确定该项目在传统采购方式与社会资本合作模式哪种方式更加物有所值，评价的主要内容包括：

政府部门聘请信用良好的专业咨询机构，在遵循公正、公平、公开原则的基础上，对本项目信息进行全面收集并组织物有所值评价工作。

重点从投融资渠道、公平竞争、风险分担、运营效率、创新程度、重组可行性等方面对比分析政府采用传统投资运营方式和引入社会资本方 PPP 模式的区别。

讨论政府传统投资运营方式和引入社会资本方 PPP 模式产生的企业总利润等绩效指标相同的情况下，PPP 模式对降低本项目全过程的总成本的可能性。

（二）物有所值定性评价指标

本项目在设置物有所值定性评价指标时选取了 6 个基本指标和 2 个补充指标。

（1）基本指标包括：①全生命周期整合程度，主要是判断项目能否长期、健康地持续运营。②风险识别与分配，主要考核项目识别、防范和控制风险的能力。③绩效导向与鼓励创新，主要考核项目的绩效考核和创新激励机制。④潜在竞争程度，主要考核项目对社会资本的吸引力。⑤政府机构能力，主要考核政府职能转变及政务服务能力。⑥可融资性，主要考核项目的融资水平。

（2）补充指标包括：项目预期使用寿命长短，主要是考核项目预期使用寿命；行业示范性，主要考核项目对行业发展的影响。指标权重及详细说明见表 4-3。

表 4-3　定性评价指标

	指标	权重（%）	指标说明
基本指标	全生命周期整合程度	15	主要考核在 PPP 模式下，使用一个长期合作的合同将项目的整个生命周期的环节交由社会资本合作方执行，项目全生命周期分为项目选定、准备、评估、谈判、执行和总结等阶段，包括市场调研、方案设计、项目设计、投融资管理、施工建造、运营管理和日常维护等活动能否长期、健康运营，并进行资源整合
	风险识别与分配	15	主要考核能否准确识别并评估在该项目使用 PPP 模式下政府和社会资本合作遇到的内在风险、外在风险，以及进行优化的能力。判断物有所值的一个重要评判标准就是准确识别并优化分配各种风险。前期的风险识别有利于抓住机会、规避风险，对项目后期的风险优化提供标准和参考
	绩效导向与鼓励创新	15	主要考核能否形成以满足群众需求为目标的绩效考核体系，以基础建设的数量、服务质量和效率为考核标准；能否在节能环保的基础上发展本国经济、进行本国采购；运营中的创新程度等
	潜在竞争程度	15	主要考核项目本身吸引社会资本加入的程度和等级。通过考察并分析未来项目会多大程度上引起各类企业（或其联合体）之间相互竞争，以及预计在随后的项目准备和实施阶段是否能够采取适当有效促进竞争的措施等来评分
	政府机构能力	10	主要考核使用 PPP 模式下政府的职能角色转变、服务质量提升、依法执行水平及监管范围和力度等指标的判断。PPP 模式下，政府将项目的经营权全部移交社会资本合作方，其角色更侧重于市场监管，评判政府转变角色的可能性也是保证不同利益方清晰界定责任与权力的重要影响因素
	可融资性	10	主要考核项目的整体融资水平。项目融资的吸引力越大，就越具有融资可行性，因此可以更好地完成融资交割和更快地进入建设和运营阶段，迅速增加基础设施及社会公共服务供给的可行性就越高
	基本指标小计	80	—

	指标	权重（%）	指标说明
补充指标 （不少于 两项）	项目预期使用寿命长短	10	主要依据项目的资产预期使用期限来评分。项目的资产使用期限越长，那么就为利用 PPP 模式来提高项目效率和减少全生命周期费用提供了基本条件。项目资产使用期限越长得分越高
	行业示范性	10	主要考察 PPP 项目实施对本行业的影响程度。一般来说，项目运作方式可操作性越强，交易结构越合理，数据测算越准确，越能对行业其他项目起到指导作用，越适宜采用 PPP 模式运作
	补充指标小计	20	—
合计		100	—

专家意见：

专家签字：
年　月　日

（三）评价流程

根据前期的可行性分析，本次物有所值定性评价从金融、经济、法律工程技术、资产评估等行业信誉度良好的企业邀请了 7 位知名专家。并由专家投票选举一位作为专家组组长，负责对各专家的意见进行收集汇总，并在合理分析的基础上整合形成专家组评价意见。

（四）评价结果

本项目通过可行性、可实现性和有益性三个方面来给项目 PPP 模式打分，超过 60 分即认为可行，分数越高，方案被判定越物有所值。若低于 60 分，则方案未通过，认定本项目不适合使用 PPP 模式，应采用传统采购模式。

根据专家评分结果，结合项目具体情况，专家组统一讨论形成专家最终评价意见：本项目的最终物有所值定性评价计分 90.93 分，根据定性评价细则，本项目定性评价结果为优秀，所以适合使用 PPP 模式运营。

三、项目物有所值定量评价

（一）确定参数

1. 项目合理利润率

根据《政府和社会资本合作项目财政承受能力论证指引》，合理利润率是以商业银行的中长期贷款基准利率为基数，将绩效付费、风险控制、可用性付费、使用量付费等因素考虑在内，形成合理的投资回报利率。在征询专家组的意见后，本次测算以金融机构中长期贷款基准利率 4.9% 为基数。作为准公共产品，其目标是服务社会，根据盈利而不暴利的要求，建议投标上限浮动空间为 30%，即 6.37%；为防止恶意投标，确定投标下限 4.9% 的基础上，下浮空间为 20%，即 3.92%；发布采购招标公告时要求投资者只能在 3.92%~6.37% 的范围内投标，不得突破上下限要求。具体利润率将根据采购招标结果来确定，本项目前期测算的合理利润率暂定为 6.37%。

2. 项目年度折现率

根据财政部《政府和社会资本合作项目财政承受能力论证指引》（财金〔2015〕21 号）第十七条："年度折现率应考虑财政补贴支出发生年份，并参照同期地方政府债券收益率合理确定。"折现率要综合政府财政补贴、无风险利率和资本加权平均成本等因素来确定具体值。2016 年相关债券收益率如表 4-4 所示。

表 4-4 2016 年相关债券收益率

序号	发行方	发行期限	利率（%）	债券类别	均值（%）
1		20 年	4.09	记账式附息	3.92
2		20 年	3.74	记账式附息	
3	财政部	10 年	2.85	记账式附息	
4		10 年	2.86	记账式附息	2.87
5		10 年	2.90	记账式附息	
6	山东省	10 年	3.15	一般债权	3.21
7		10 年	3.27	一般债权	

根据表 4-4 可知：不同发行期限，财政部债券收益率均值不同，20 年为 3.92%，10 年为 2.87%。山东省抽选两个 10 年进行数据统计，分别是 3.15%、

3.27%，10 年期债券收益率均值为 3.21%。根据合理利润率确定的计算方法，建议投标上限在期债券收益率均值 3.21% 的基础上上调 40%，即 4.5%；为防止恶意投标，确定投标下限在 3.21% 的基础上下调 10%，即 2.9%；发布采购招标公告时要求投资者只能在 2.9%～4.5% 的范围内投标，不得突破上限和下限要求。本项目测算暂定折现率为 4.5%。

（二）计算 PPP 值

根据《指引》，PPP 值可以使用 PPP 项目全生命周期内的社会资金合作方股权投资、项目配套投入和政府对项目的运营补贴、风险承担等各项财政支出责任的现值计算。

股权投资支出责任表示政府和社会资本合作方共同出资组建项目公司时，政府以所出资金占总项目资金的比重承担相对应比重的责任。

股权投资支出＝项目资本金×政府占项目公司股比

股权投资支出是根据项目资金要求和本项目公司股权结构所确定的合理资金额。根据本项目的政府和社会资本合作方确定使用的 PPP 模式运营方案，政府以最低比率 20% 出资，并指派特定出资代表和社会资本合作方共同成立项目公司，作为政府特定出资代表 B 市市政工程总公司以 100 万元作为股权投资与社会资本合作方成立项目公司。

因此，本项目政府在建设期第一年投入股权投资支出责任为 100 万元。除此之外，政府在此项目中的相关支出还包括以下部分：

（1）运营补贴。运营补贴是指项目在投资发展期间和运营维护期间，属于政府承担的直接付费责任部分。

按照规定，运营补贴支出应当以项目的建设成本、经营成本及利润水平为依据来合理确定，并按照不同的付费模式分别进行测算。对于需要政府付费的项目，在项目运营补贴期间，政府会承担全部直接付费责任。政府每年直接付费的条款包括：项目公司承担的年均建设成本（换算成各年度现值）、年度营业成本和合理利润。其计算公式为：

当年运营补贴支出数额＝项目全部建设成本×（1－合理利润率）×（1－年度折现

率)"/财政运营补贴周期(年)+年度运营成本×(1+合理利润率)-使用者付费

在使用运营补贴支出数额公式计算出当年运营补贴支出数额后，简单加总求和可以算出每一年的运营补贴支出数额现值的总和。

n 表示折现年数；年度折现率需要将财政补贴支出发生年份作为影响因素考虑，在参照同时期地方政府债券收益率后合理确定其参数值；其中财政运营补贴周期是指财政提供运营补贴的具体年份数。

项目全部建设成本：PPP 项目公司在项目交付验收后三个月内完成项目决算资料，并上报政府指定审计机构开展项目工程决算审计，在决算审计后政府会将项目全部建设成本金额总和作为其可用性付费的重要依据。即本项目取得的专项补助资金若在建设期可以获得，直接冲减项目建设总投资资金额；若在运营期获得，可以直接冲减年度政府补贴资金额。

年运营成本：本项目的运营成本主要综合管廊日常维护花费（小修、小补等日常维修）（经营成本）为 260~300 元/年·米，大修和中修则按计提折旧。考虑到本项目是单舱综合管廊且入驻管线较少，因此本项目按照 260 元/年·米计算年运营成本，因此本项目的年运营成本为：260×（1250+460+1650）÷10000＝87.36 万元/年，再结合参考综合管廊同类项目等，本项目暂定年运营成本为 80万/千米。本项目年运营成本测算如表 4-5 所示。

表 4-5　本项目年运营成本测算　　　　　　　单位：万元

项目＼年份	2019	2020	2021	2022	2023	2024
年运营成本	80.00	82.40	84.87	87.42	90.04	92.74
现值	70.01	69.1	68.11	67.13	66.16	65.21

项目＼年份	2025	2026	2027	2028	2029	2030
年运营成本	95.52	98.39	101.34	104.38	107.51	110.74
现值	64.28	63.36	62.45	61.55	60.67	59.80

续表

项目＼年份	2031				
年运营成本	114.06				
现值	58.94				
年运营成本合计	1249.42				
现值合计	836.85				

注：结合以前运营经验，考虑 CPI、通货膨胀等因素，地下综合管廊年运营成本暂定每年上浮 3%。

使用者付费：本项目运营收入主要包括入廊费和经营维护费，入廊费按照相关政策文件的要求可以按照一次性付清也可以多次进行支付，考虑到管线单位的支付能力等因素，本项目暂定入廊费采取在运营期前两年采取平均支付的方式，经营维护费每年逐期缴纳。目前，B 市已经出台相关文件，具体价格执行标准暂未出台，本项目暂且参照同省份中威海市综合管廊的有偿使用费标准来执行。综合本项目中各种管线的类别、管径、实际长度进行测算，具体的入廊费和运营维护费收费标准如表 4-6 所示，每年的运营收入测算详细情况如表 4-7 所示。

表 4-6　本项目运营维护费和入廊费收费标准

管线类型	合计	给水 DN300	再生水 DN300	通信电缆 12 孔	强电电缆 12 孔
入廊费单价（元/米）		460.5	452.25	1444.8	1544.4
运营维护费单价（元/米）		56.3	67.55	61.2	70.8
管线长度（米）	13440	3360	3360	3360	3360
入廊费（元）	13110552	1547280	1519560	4854528	5189184
运营维护费（元）	859656	189168	226968	205632	237888
入廊费合计（万元）	1311.06				
运营维护费合计（万元）	85.97				

注：（1）给水 DN300 的入廊费单价和运营维护费单价采用威海的指导价格测算；

（2）再生水 DN300 的入廊费因威海指导价格里不包含这种管径，故单价是按照威海指导价中 DN200 与 DN400 的指导价测算（482-422.5）÷2+422.5＝452.25，运营维护费计算同上；

（3）通信电缆、强电电缆都以本项目电缆孔数量乘以威海指导价格的单孔价计算；

（4）本项目管线长度是三条道路下方管廊长度之和。

表 4-7　年运营收入测算　　　　　　　　单位：万元

项目 ＼ 年份	2019	2020	2021	2022	2023	2024
入廊费	655.53	655.53	0	0	0	0
运营维护费	85.97	85.97	85.97	90.26	90.26	90.26
合计	741.49	741.49	85.97	90.26	90.26	90.26

项目 ＼ 年份	2025	2026	2027	2028	2029	2030
入廊费	0	0	0	0	0	0
运营维护费	94.78	94.78	94.78	99.52	99.52	99.52
合计	94.78	94.78	94.78	99.52	99.52	99.52

项目 ＼ 年份	2031
入廊费	0
运营维护费	104.49
合计	104.49

注：（1）考虑 CPI、通货膨胀等因素，项目运营维护费按每 3 年上涨 5% 进行计算；

（2）入廊费计划在运营期前两年采用平均值支付。

项目财政运营补贴：政府根据项目市场运营情况，分别对道路和管廊进行适当补贴。其中，管廊部分采用 6.37% 的合理利润率对整个生命周期内各期都进行补贴，道路部分将在运营期的前两年补贴完成总投资。

由此，可得到本项目道路和管廊部分的运营期政府补贴统计，如表 4-8、表 4-9 所示。

表 4-8　道路部分运营期内政府运营补贴统计　　　　　　单位：万元

项目 ＼ 年份	2019	2020
A 年度可用性服务费（A1+A2）×A3	5750.03	6008.79
A1 建设成本	5172.92	5172.92
A2 合理利润（6.37%）	329.51	329.51

续表

项目＼年份	2019	2020
A3 折现系数（4.5%）	1.0450	1.0920
B 运营补贴	5750.03	6008.79

表 4-9　管廊部分运营期内政府运营补贴统计　　　单位：万元

项目＼年份	2019	2020	2021	2022	2023
A 年度可用性服务费（A1+A2）×A3	1034.31	1080.85	1129.49	1180.32	1233.43
A1 建设成本	930.50	930.50	930.50	930.50	930.50
A2 合理利润（6.37%）	59.27	59.27	59.27	59.27	59.27
A3 折现系数（4.5%）	1.0450	1.0920	1.1412	1.1925	1.2462
B 年度运营绩效服务费（B1+B2）	85.10	87.65	90.28	92.99	95.78
B1 运营成本	80.00	82.40	84.87	87.42	90.04
B2 合理利润（6.37%）	5.10	5.25	5.41	5.57	5.74
C 使用者付费收入	741.49	741.49	85.97	90.26	90.26
D 运营补贴（A+B-C）	377.91	427.01	1133.80	1183.04	1238.94

项目＼年份	2024	2025	2026	2027	2028
A 年度可用性服务费（A1+A2）×A3	1288.94	1346.94	1407.55	1470.89	1537.08
A1 建设成本	930.50	930.50	930.50	930.50	930.50
A2 合理利润（6.37%）	59.27	59.27	59.27	59.27	59.27
A3 折现系数（4.5%）	1.3023	1.3609	1.4221	1.4861	1.5530
B 年度运营绩效服务费（B1+B2）	98.65	101.61	104.66	107.80	111.03
B1 运营成本	92.74	95.52	98.39	101.34	104.38
B2 合理利润（6.37%）	5.91	6.08	6.27	6.46	6.65
C 使用者付费收入	90.26	94.78	94.78	94.78	99.52
D 运营补贴（A+B-C）	1297.32	1353.77	1417.43	1483.91	1548.60

续表

项目　　　　年份	2029	2030	2031
A 年度可用性服务费（A1+A2）×A3	1606.25	1678.53	1754.06
A1 建设成本	930.50	930.50	930.50
A2 合理利润（6.37%）	59.27	59.27	59.27
A3 折现系数（4.5%）	1.6229	1.6959	1.7722
B 年度运营绩效服务费（B1+B2）	114.36	117.79	121.33
B1 运营成本	107.51	110.74	114.06
B2 合理利润（6.37%）	6.85	7.05	7.27
C 使用者付费收入	99.52	99.52	104.49
D 运营补贴（A+B−C）	1621.10	1696.81	1770.90

根据以上分析，可以得到本项目运营期内政府补贴数额统计，如表 4-10 所示。

表 4-10　本项目运营期内年政府补贴统计　　　　单位：万元

项目　　　　年份	2019	2020	2021	2022	2023
运营补贴	6127.95	6435.79	1133.80	1183.04	1238.94

项目　　　　年份	2024	2025	2026	2027	2028
运营补贴	1297.32	1353.77	1417.43	1483.91	1548.60

项目　　　　年份	2029	2030	2031		
运营补贴	1621.10	1696.81	1770.90		

（2）风险承担。风险承担成本＝项目建设和运营维护净成本×风险承担比例。

通过与专家组和地下综合管廊工程及类似项目工作人员进行面谈和电话沟通等途径，立足于本项目的实际情况，在多次优化后确定本项目全部风险成本占参照项目的20%，自留风险承担成本占本项目全部风险成本的20%。因此，项目总

的风险成本 = 24927. 87×20% = 4985. 57 万元。政府自留风险是总风险的 20%，自留风险 = 项目总风险×自留风险比例 = 4985. 57×20% = 997. 11 万元。

所以政府的自留风险成本为 997. 11 万元。

（3）配套投入。配套投入是政府对项目提供的相关配套工程贷款低息、补助服务，这种服务包括完善项目现有的相关基础设施、对项目所需土地进行提前征收与管理、建设一部分新项目的配套措施和相关公用事业单位进行提前信息沟通等。配套投资支出责任是指政府为社会资本合作方提供各项服务的责任，也有促进 PPP 项目可持续性发展的义务，其责任需要根据政府提供的配套设施费用和社会资本合作方投入费用来确定。

政府将本项目前期方案设计费用，地勤、检测、工作费用，监理、征地拆迁费用等费用计入总投资中，后期不再提供其他配套投入。

综上所述，项目 PPP 折现预测值 = 风险承担支出+运营补贴支出+配套投入支出+项目股权投资支出 = 21530. 75 万元。

（三）计算 PSC 值

1. 参照项目建设运营维护净成本

参照项目建设运营维护净成本，即政府选定的参照项目在整个生命周期内所需要承担的运营维护和建设净成本之和。计算公式为：

建设运营维护净成本 = 运营维护净成本+建设净成本

建设净成本：根据项目具体情况，项目合作期间暂无资产转让、租赁或处置等收益。2017 年投入资本 10890 万元以第一年末投入计算资金的时间价值，2018 年的投入资本 10790 万元以第二年末投入计算，分别对投入进行折现，所以项目的建设净成本为 20301. 78 万元。

运营维护净成本：本项目作为准经营性项目的竞争性公益项目，运营维护净成本即项目的运营费用和利息支出之和减去入廊单位的付费。根据本项目的调研报告以及相关方提供的信息及数据，综合查阅山东相关地区综合管廊运营成本等，根据前期方案设定，本项目采用等额还本付息的方式，每年的运营费用为 80 万元，即可计算得到运营期每年将产生的利息支出。

综上所述，本项目建设和运营维护净成本＝建设净成本＋运营维护净成本＝22982.46万元。

2. 竞争中立调整值

竞争性中立调整值，即采用 PPP 模式比政府传统采购投资方式少支出的各种费用总和，具体费用包括行政审批费用、土地费用和其他有关税费等。

所以，得到本项目竞争中立调整值为 1758.29 万元。

3. 项目全部风险成本

如上所示，财政部规定公共基础建设项目全部风险成本占项目建设和运营维护成本的最低比率为 20%，所以，本项目全部风险承担成本现值为 4985.57 万元。

综上所述，项目 PSC 值＝项目全部风险成本＋项目建设和运营维护净成本＋竞争中立调整值＝29726.32 万元。

（四）定量评价结果

物有所值定量分析的结果以物有所值指数或者物有所值量值的形式表示。

物有所值量值＝PSC 值-PPP 值

物有所值指数＝（PSC 值-PPP 值）÷PSC 值×100%

上式计算结果若为正，表示该项目采用 PPP 模式有利，为负则应采用传统方式。最终数值越大，说明采用 PPP 模式比政府传统模式越物有所值。

根据以上分析，可以计算出本项目全生命周期的 PSC 值和 PPP 值，如表4-11 所示。

表 4-11　物有所值指标

指标	单位	数值
PSC	万元	29726.32
PPP	万元	21530.75
物有所值量值	万元	8195.57
物有所值指数	%	25.57

四、项目物有所值评价结果

根据财政部现行政策及相关法令，在经过数据统计与分析等过程后，采用定性研究和定量研究相结合进行 B 市该项目物有所值评价的结果均为"通过"，理由如下：

首先，项目定性评价最终得分是 90.93 分，高于评判标准 60 分。从所指定 7 个领域选取形成的 7 人专家组形成一致意见，即本项目更适合采用 PPP 模式，它可以有助于项目获得更有效的投融资渠道、减少政府财政压力、提高运营效率、促进创新等目的。

其次，通过定量研究得到项目的物有所值评价量值 8195.57 万元，指数值为 27.57%。与政府传统采购投资模式相比，在相同的产出绩效下，使用 PPP 模式管理可帮助本项目节约资金 8195.57 万元，节约比例达到 27.57%。

第二节　J 市地铁 4 号线

一、项目概况

1. 建设内容

地铁 4 号线是 J 市轨道交通网中的重要一环，其地理位置、作用都意义非凡，是 J 市贯穿南北交通的主要线路，在 J 市地铁运输中更是客流量最大的线路之一。4 号线最重要的交通价值是横跨西城区、丰台区和海淀区，从南至北贯通多区交通，全程共计 28.2 千米，24 个车站。

2. 融资结构

4 号线预估需投入 153 亿元的资金，并分成 A、B 两段进行建设，两项工程分别有不同的责任主体。A 段工程是土建工程类项目，需要投入资本为

107亿元左右，在整个项目的投资中占70%的份额，主体建设单位是J基础设施投资有限责任公司全资子公司，这是专门为4号线建设而设立的"4号线公司"；B段工程是机电设备建设类项目，需要投入资本为46亿元左右，在整个项目投资中占比为30%，主体建设单位是社会投资者成立的项目特许经营公司（见图4-1）。

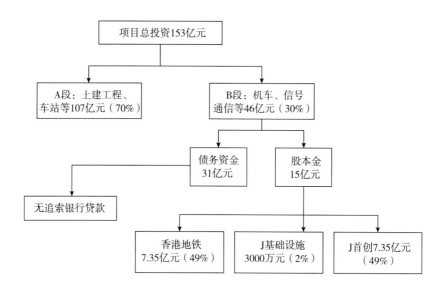

图4-1　J市4号线PPP项目融资结构

3. 运作方式

政府授予主要管理部门同特许公司签订《特许协议》的权力，给予特许公司投建并经营4号线项目的运营权力。"4号线公司"与特许公司通过签署《资产租赁协议》，将A部分资产的运营管理权力进行移交。特许公司在项目验收通过后即可享受使用权。

该项目的特许运营期限是30年。根据《特许协议》中的相关内容规定，政府在特许运营阶段对4号线公司进行监督管理，确保A部分土建环节按时保质完工，并进行B部分机电设施环节的施工监督。4号线定价采用计程票制，由政府定价，但是在特许运营期间，政府可以根据市场同网同价的要求，确立且执行 4 号线的票价方案，同时依据我国经济实际情况来合理地调整票价。特许公司负责此线路的运营管理、全部设施（包括 A、B 两个部分）的维护和资产的更换升级（不涉及洞体），以及站内的商业经营工作，利用票款和站内商业经营的收入来收回投资。特许运营期到期以后，特许公司会把 A 部分的设施归还给"4 号线公司"，把 B 部分的设施完好且无偿地转交给政府。

二、项目物有所值定性评价

对本项目采用交通运输 PPP 模式物有所值定性评价体系进行定性研究，结果如表 4-12 所示。由表可知，本项目的物有所值定性评价得分为 87.5 分，说明该项目采用 PPP 模式是合理且有效的。

表 4-12　J 市地铁 4 号线定性评价

基本指标	权重（%）	评分	最终得分	评分理由
全生命周期整合程度	14	95	13.3	项目前期合同文本准备充分，项目采用 BOMT 模式，简单清晰，在合同中易于管理
风险识别与分配	16	75	12	作为国内第一个使用 PPP 模式运营的轨道交通项目，缺少同类参照项目，对风险的识别与优化存在短板
绩效导向与鼓励创新	13	82	10.66	初步考虑了项目移交后的绩效评价；使用 PPP 模式运营是一种理念创新，具有先进性
潜在竞争程度	12	92	11.04	项目前期已积极联系社会资本，并举行推介会
政府机构能力	12	90	10.8	政府邀请各行业专家组成专家小组，专门研究该项目，虽没有参照对象，但具备较强的 PPP 优化能力
可融资性	13	95	12.35	虽然项目投入大，但是政府大力支持，政策扶持下灵活性强、融资渠道多，社会响应高
小计	80		70.15	

续表

补充指标	权重（%）	评分	最终得分	评分理由
项目规模大小	3	85	2.55	项目投资额预计达到 157 亿元，规模较大
预期使用寿命长短	3	80	2.4	在使用 30 年后无偿转交给政府，生命周期较长
全生命周期成本测算精准性	5	78	3.9	项目规模较大、环节多、风险大，但是缺可参照样本，但是前期准备足，预测较准确
运营收入增长潜力	3	92	2.76	票价由政府制定，增幅不大，但根据客流量预计涨幅很大，因此运营收入增长情况很好
行业示范性	2	97	1.94	作为国内第一个轨道交通 PPP 项目，项目设计、施工、运营等各环节严格把关，具有较好的示范效果
社会效益	4	95	3.8	地铁的建设横跨 4 区，带来了新的经济发展，方便市民出行，社会效益很大
小计	20			17.35
合计				87.5

项目优势在于：大胆创新地采用 PPP 模式，不仅政策支持程度高且具有很好的行业示范性；政府机构做了充分有效的准备工作，积极引进专业机构进行辅助，同时项目方案做得详细到位；作为交通主干线之一，社会效益明显。项目劣势为相关经验和数据的缺乏，不确定性大，这在实施过程中应重点关注并进行调整。目前，J 市地铁 4 号线运营状态良好，俨然成为了轨道交通 PPP 项目的样板，物有所值定性评价的结果与项目实际情况基本一致，由此可见，本项目中物有所值定性评价的体系完全是合理的。

三、项目物有所值定量评价

首先，将 J 市地铁 4 号线 PSC 值和 PPP 值进行对比分析，PSC 值是指在 J 市地铁 4 号线项目的整个生命周期内，政府提供的产品和服务成本的现值；实际报价 PPP 值包括 PPP 的投标价、政府投资成本和保留风险价值。其次，通过计算分析得出 PPP 模式的成本更低，继而得出 J 市地铁 4 号线采用 PPP 模式物有所值的结论。

（一）计算项目公共部门比较值

1. 公共部门比较值计算的项目内容

根据 4 号线特许运营协议规定，该线路共包括 A、B 两个部分的投建内容。其中，A 部分主要是车站等土建部分，由 JT 公司旗下的子公司承担资金筹集、项目设计和施工方面的工作，也就是政府直接参与投建，再把此部分的运营权出租给社会资本；B 部分由 J 基础设施、J 首创和香港地铁共同管理，该部分涉及车辆、信号、供电、检测等多方面，京港地铁公司作为投资代表承担投建工作。在 4 号地铁项目建成以后，在运营期间内，京港地铁一方面需要负责设施设备的日常经营与维护工作，另一方面可以利用该项目内商业运营与票务来获得投资回报。所以，这两个部分的投建以及它们在特许运营期间内的经营维护均归属 PPP 模式下的项目范围。PSC 值需要和 PPP 项目测算值保持同样的测算范围才能确保两种模式之间具有可比性。

2. 测算期的确定

公共部门比较值是指政府采用传统采购样式提供与 PPP 模式拥有同等产出指标的项目所产生的通过风险调节以后的成本总额。在计算 PSC 的过程中，加入了对资本时间价值功能的思考，公共部门比较值的展现方式是工程自规划、筹资、构建、经营、维护，以及最后移交的项目整个生命周期中涉及的各种现金流。京港地铁拥有该线路 30 年的特许运营权。因此，PSC 值的预算期是建设、运营期前 30 年。

3. 折现率的选用

本案例选用的折现率属于无风险利率，结合国外的相关实践经验，一般可运用政府长期借款利率作为无风险利率。在本案例中，挑选 5 年期限的国债利率（3.81%）当作折现率来实施计算。由于这里所选择的折现率属于名义上的无风险利率，所以在评估成本现金流时，应该考虑通货膨胀的影响。通过对 2000～2009 年的 CPI 展开计算，得到其平均每年以 2.2% 的比率上涨。所以本案例计算也是建立在特许运营期间内 CPI 以年均 2.2% 的比率增长为前提。

4. 数据的选用

PSC 值计算的基本原则之一是假设该项目采用政府传统运营方式预估总成本，由于该项目已经进入运营阶段，采用现在的数据去计算 PSC 值是不适合的方法。为了将准确的 PSC 值用于 PPP 模式前期数据对比，应该根据政府之前的相似轨道工程的相关数据计算，再根据实际情况进行微调保证数据的科学性。国外通常已经有完善的信息库系统，其配置容量大且数据相对完整，并包含各种工程项目的真实信息材料，这些材料可以作为 PSC 值实际预测的数据基础。但是由于我国 PPP 模式研究起步晚，配套资源尚未完善，无法进行准确的推算。但是，为了尽可能保证 PSC 值预测的准确性，本项目借鉴有关数据进行统计、计算，并利用专家组的经验、大数据分析来量化风险调整项。

5. 初始公共部门比较值

此项目中的 PSC 具有特定性，主要是指本项目政府运用传统的采购运营方式来供给 4 号线的 A、B 部分以及 30 年特许运营期限内的经营维护工作需求的相关成本。结合本案例中的计算内容，依据本案例中初始 PSC 所涉及的成本构成部分，进行 PSC 中不同构成部分的费用评估。在国外，计算初始 PSC 常常要依靠记录完整且容量大的项目信息库系统，这些材料可以作为 PSC 值实际预测的数据基础，然而在国内此类信息库并未构建成熟。所以，本案例通讨使用相似的成本修正法来评价初始 PSC 中不同组成部分的成本。

J 市地铁 5 号线经过著名的风景名胜景点等人流量较大的商业聚集区域，整条线路长 27.6 千米（其中 16.9 千米属于地下线，10.7 千米属于地面与高架线），总计设置了 22 个站点（其中 16 个属于地下站点，5 个属于高架站点以及 1 个地面站点）。与 4 号线相比，两者均处在城区，均途经部分景点，而且站点布局类似，建设时间相距不远，因此，选择 5 号线作为本项目的参照对象，可以有效地对 PSC 值中的不同成本项目展开准确评估。

（1）投建期的成本计算。各个线路的铺设方式不同通常会引起造价上的明显差异，5 号线需铺设的地下线路部分长度占整条线路长度的 61%，而 4 号线整个都是地下线路，所以理应结合路线的铺设方式对不同专业造价所产生的影响，并以此来适当调节 5 号线的概算指标，以调节更正以后的概算指标为依据进行 4 号线投建费用的评估。4 号线投建成本中的主要构成及其预算金额如表 4-13 所示。

表 4-13　J 市 4 号线 PPP 项目投建期间成本构成及其相应估算额

单位：万元

序号	投资建设期成本	估算额	修正后概算指标	5 号线概算数据	5 号线概算指标
C1	融资成本	90805	投建成本的 6%	75158	投建成本的 6%
C2	前期工程准备费用	16648	投建成本的 1.2%	13882	投建成本的 1.1%
C3	车站工程	580742	20593.7 万元/千米	421484	15271.16 万元/千米
C4	区间工程				
C5	轨道工程	35340	253.21 万元/千米	25649	929.3177 万元/千米
C6	车辆段及停车场	88196		86319	
C7	通信及信号系统	53807	1908.08 万元/千米	52663	1908.08 万元/千米
C8	供电与电气化系统	83720	2968.80 万元/千米	81939	2968.80 万元/千米
C9	通风空调系统	31311	1304.64 万元/站	28702	1304.64 万元/站
C10	防灾报警系统	8478	353.23 万元/站	7771	353.23 万元/站
C11	环境与设备监控系统	8582	357.59 万元/站	7867	357.59 万元/站
C12	给排水和消防系统	11044	460.18 万元/站	10124	460.18 万元/站
C13	自动售票系统	25826	1076.09 万元/站	23674	1076.09 万元/站
C14	自动扶梯与电梯系统	23583	982.64 万元/站	21618	982.64 万元/站

序号	投资建设期成本	估算额	修正后概算指标	5号线概算数据	5号线概算指标
C15	车辆购置费用	334486	4075.31万元/列	130410	4075.31万元/列
C16	工程建设其他费用	320843		265261	
	合计	1513411		1252521	

通过表4-13可以发现，线路铺设方法与造价之间存在一定的联系，由于土建工程基数大，对造价影响也会变大，这一联系主要体现在线路铺设方法对车站、区间、轨道等基础建设项目的费用差别上。根据行业数据库统计可知，高架线的造价约是地下线造价的1/4～1/3，因此采用高架线的造价占地下线造价的1/3对5号线的相关指标进行调整和处理。同时，线路铺设方法与设施设备、车辆采购成本之间的关联性不强，当铺设方法改变时，采购成本几乎无明显变化，所以可以直接采用5号线的不同概算指标开展评价、投融资管理、前期资金准备工作，施工成本预算等都可以依据参照项目5号线的费用比重加以确定。

根据表4-13分析可知，4号线投建期间的费用预算数额，根据项目在可研究编制环节里的分期测算样式，均匀地将投建期的费用分配到整个建设期的不同年份，得到投建期费用相应的资本投放现金流，再借助Excel工具，根据选定的折现率（3.81%），测算不同部分的净现值，经测算得出此项目在投建期的费用净现值约为135.47亿元。

（2）经营期的成本计算。PPP项目PSC值统计包含投建各项成本，具体包括财务、运营、管理、维护、升级优化等方面的费用开支。本项目中把营运、维护、管理以及财务这四项成本归纳为运营维护成本展开统一计算。也就是说，经营期成本可划分成以下三个部分：

第一，运营维护费用。通过参考汉堡公司在运营成本方面的测算报告、MVA公司结合客流量方面的预测报告和J市目前地铁的真实运营成本等数据，对4号线不同年份的运营维护产生的费用展开评估，测算评估数据如表4-14所示，通过计算，得出运营维护产生的费用净现值约为 70.98 亿元。

表 4-14 J 市 4 号线 PPP 项目运营维护费用的现金流估测 单位：万元

运营期	1	2	3	4	5	6	7
运营维护成本	36805	37615	38442	39288	40152	41036	41938
运营期	8	9	10	11	12	13	14
运营维护成本	42861	43804	44768	45752	46760	47788	48840
运营期	15	16	17	18	19	20	21
运营维护成本	49914	51012	52134	53281	54454	56875	58127
运营期	22	23	24	25	26	27	28
运营维护成本	59406	60713	62048	63413	64808	66234	43089
运营期	29	30					
运营维护成本	67691	69180					

第二，升级改造费用。依据 GB 7928-87 中有关地铁不同类型固定资产折旧方面的有关规定，由于检票、消防等设施系统在项目运营期限内就都已满足折旧年限的要求，从理论角度来说，折旧年限的设置会结合设施的经济寿命，通常到达折旧年限的设施应当及时加以升级或更换。因此，本项目假设设备一旦到达折旧年限就全部进行重新配置与升级优化，根据初始投资中该设备的估算额进行相关数据估算工作，同时按 4% 的残值率计算回收设施残值。地铁项目固定资产的折旧年限如表 4-15 所示。

表 4-15 地铁项目固定资产的折旧年限

内容	折旧年限（年）	残值率
隧道、地下站结构	100	依据 3%~5% 计算
高架桥	50	依据 3%~5% 计算
地下站装修、房屋	35	依据 3%~5% 计算
轨道工程	25	依据 3%~5% 计算
供电工程	25	依据 3%~5% 计算
通风空调	25	依据 3%~5% 计算

续表

内容	折旧年限（年）	残值率
防灾报警及环境监控	15	依据3%~5%计算
站台屏蔽门	15	依据3%~5%计算
自动售检票	10	依据3%~5%计算
通信信号、电力控制	12	依据3%~5%计算
给排水及消防	25	依据3%~5%计算
车辆	30	依据3%~5%计算

通过分析4号线的可行性报告，可以初步确定在2011年和2015年会对项目进行车辆追加投资。其中，2011年增加6.94亿元的投资预算用于购置车辆，2015年在这一方面预计投资5亿元。

根据以上分析可得到本项目不同年份的升级改造费用现金流，如表4-16所示。在假设折现率为3.81%的情况下，将升级改造费用折现，得出净现值为39.18亿元。

表4-16　J市4号线PPP项目更新改造费用现金流　　　单位：万元

年份	2011	2015	2019	2021	2024	2029	2033	2034	2039
成本	69400	50000	32105	69890	23645	76353	90746	278110	340731
残值			1033	2153	682	2228	2796	6457	7134
净成本	69400	50000	31072	67737	22963	74125	87950	271653	333597

第三，应当扣除的第三方收入。包括票务收入和其他业务收入。票务收入受票面单价和客流量两个因素影响，为了科学准确，将对这两个因素展开估算。根据MVA机构前期公开的4号线客流量和收入统计评估报告可以进一步判断，4号线票务收入取决于客流量以及每人平均票价这两个因素，应当针对上述两个因素分别展开估算。结合MVA机构公开的有关4号线的客流量与收入评估报告可得，2010年4号线在每个工作日可以达到58.8万人次的客流量，2015年在每个工作日可以达到81.8万人次的客流量，预计到2034年可以实现每个工作日

88.4 万人次的客流量。对于单人平均票价，在刚开始运营时人均票价为 3.34 元。由于地铁票的价格一般是由政府制定的，并且带有相当大的公益成分，所以，这里平均每人的票价没有考虑通货膨胀因素。按每年 360 个工作日进行计算，每年该路线在初期可获得 70701 万元的票务收入；近期可获得 98356 万元的票务收入；远期可获得 106292 万元的票务收入。通过不同年份的现金流，可以科学预估票务收入的净现值大约是 135.54 亿元。

综合有关数据可知，5 号线在 2004 年实现了 10345 万的非票务收入，考虑其在规模上与 4 号线尤为相似，车站数量也相对接近。所以，本项目在 4 号线的其他业务收入的评估过程中，参照 5 号线的有关情况，同时结合通货膨胀因素，先推算出 4 号线其他业务收入产生的现金流量，进而计算出其净现值约为 22.24 亿元。再将票务收入和其他业务收入相加，最后算出去除第三方收入后的总收入额约为 157.78 亿元。

通过上述分析，可以得到 PSC 值中不同构成部分的费用以及计算过程，从而计算出本项目净现值是 87.85 亿元。

6. 竞争性中立调整值

竞争性中立调整值主要是为了消除政府采用传统采购运营模式时所提供的优惠政策这一因素的影响，集中反映在审批流程、税收等方面。根据 4 号线的特许运营协议规定，本项目的特定代表京港地铁公司在 30 年内需要承担 15% 的所得税税率，在公司取得收益当年开始享受"两免三减"的所得税优惠政策；另外，票务收入需要承担 3% 的营业税，其他业务缴纳 5% 的营业税。特定代表京港地铁不仅要缴纳协议中明确规定的各项税款，还需要根据国家相关规定认缴印花税等其他税款。下面针对这些税收数额展开计算。

根据《中华人民共和国印花税法》的有关条款可知，建筑装修承包合约是以合约价格的 0.5‰缴纳此税，再结合特许运营协议相关条款，社会资本承建的机电设施系统方面工作上资金投放总额约为 46 亿元，根据上述规定可以推算得出印花税约为 138 万元，假定在建设期间是采取平均投放的方式，那么印花税的净现值是 123.5 万元。根据特许运营协议中的有关条款可知，要以票务收入的

3%为依据进行营业税缴纳，其他收入则以5%为依据来缴纳该税。前文已经计算出了不同年份的运营收入净现值（其中票务实现收入1355362万元，其他业务收入222438万元）。因此，票务收入上需要缴纳营业税净现值为40661万元，其他业务收入需要缴纳的营业税净现值为11122万元，总计51783万元。以规定的15%所得税计算，企业需要缴纳119516万元的营业税。再依据《中华人民共和国城市维护建设税暂行条例》中的相关规定，该项目所在地区的城市维护建设税的税率是7%，计算出本项目的税款净现值为3625万元；根据3%的税率，以营业税作为基数，得到此项税收净现值为1553万元。

综上所述，本项目竞争中立调整项的净现值为17.66亿元。

7. 风险调整

（1）辨识项目风险。辨别项目风险，这是调控项目风险的核心环节，也是对风险进行量化分析的前提和基础。根据4号线的特许运营协议及相关文件，有效地将该项目所牵涉的风险辨别出来。

（2）量化项目风险。量化风险本质上就是要对风险展开定价，侧重于对风险出现的可能性以及风险导致的亏损和后果展开评价，并以此来衡量风险的价值。在对4号线PPP项目中相关的风险因素进行辨别后，采用集值统计的方法来量化项目风险。

首先，根据专家组经验，并参照项目5号线的实际数据和调研统计，将4号线PPP项目的相关风险进行汇总，并编制J市4号线的风险概率调研表。在调研表中，根据风险对项目的影响程度及积极作用、消极作用，将所有风险分成五小组，每一个小组代表风险产生的一种结果等级，分别是有利、基本、不利、较差和最坏，将各个小组的组中值看作此类风险后果的评估值。其次，选择5名专家组成专家组，对上述5种风险结果的发生概率进行估计，并用量化的数据来表示发生的可能性。再次，根据数理统计相关的运算式，计算出不同风险在不同情况下发生的概率。最后，根据相关公式计算风险的值（风险产生不同损失的加权平均值）。

此案例中，本书以建设费用超额这一风险作为实例，来详细介绍风险价值的计算方法。首先要对其不同的风险损失进行评价，因为各种风险的影响范围是不一样的，所以应该选择相对应的计算基数。其次在公共部门比较值的计算中又相对重视对成本的计算，因而在本书的探究过程中，决定将投建成本设定作为投建期间风险的计算基数；运营期成本是指运营期间涉及的和成本有关风险的计算基数，第三方收入是此期间涉及的和利润有关风险的计算基数；运营总成本是此项目实施周期风险的计算基数，税收政策影响这一风险的计算基数变化则是竞争中立项。所以，针对建设成本费用超额的风险，采用投建成本作为计算基数，具体信息如表 4-17 所示。

表 4-17　J 市 4 号线 PPP 项目成本超额风险的损失估计　　　单位：万元

风险情景	风险后果	投建成本	风险损失估值
有利	投建成本缩减超过 5%	1219238	-135471
基本	投建成本缩减 5% 至超出 5%	1354709	0
不利	投建成本超出 5%~15%	1490180	135470.9
较差	投建成本超出 15%~25%	1625651	270941.8
最坏	投建成本超出 25% 以上	2113346	758637

根据表 4-17 可知，不同风险情景对应的风险后果和风险损失估值。例如，在有利的情况下，风险后果是投建成本缩减超过 5%，它会促进项目投建成本降低；在基本风险情景下，对投建成本影响为 0；在不利情景下，投建成本提升 10%；在较差情景下，投建成本提升 20%；在最坏情景下，投建成本提升 25%。在对不同风险情景的后果进行估值后，需要明确不同风险情景发生的可能性大小，为此进行了以下评估。首先，请 5 名专家对 5 种不同风险情景下出现对应后果的可能性进行预测和评估，如投建成本超出的情况下有利后果出现的概率是 5%~10%；其次，对专家组给出的概率范围和公式计算的结果进行归一化处理，将结果统一化；最后，对离散度进行计算，进行可信度检验，得到不同等风险情景的可能性估值（见表 4-18）。

表 4-18　J 市 4 号线 PPP 项目成本超额风险对应的概率估值

风险情景	专家 1	专家 2	专家 3	专家 4	专家 5	各情景概率	归一化概率	离散度（g）
有利	10~15	10~20	5~15	5~10	5~10	11	10	0.00130
基本	70~80	65~75	70~80	65~75	60~70	71	66	0.00223
不利	15~20	15~25	15~20	10~20	15~20	18	17	0.00092
较差	2~6	3~10	6~10	1~6	2~10	6	6	0.00050
最坏	0~1	0~2	0~5	0~1	0~1	1	1	0.00019
合计						107	100	

由表 4-18 中有关数据可知，依据估值结果算出的离散度 g 值较小，这说明在成本超过投建成本的情景下出现的后果比较集中，数据具有可信度与有效性。之后，本项目根据归一化处理过的不同风险后果情形下的估值和可能性估值，计算不同风险后果对应的加权平均数，即投建成本超额风险情景价值为 3.33 亿元。具体数据如表 4-19 所示。

表 4-19　J 市 4 号线 PPP 项目成本超额风险价值的估值　　　　单位：万元

风险情景	风险后果	风险损失估值（万元）	风险概率估值	风险价值（万元）
有利	投建成本缩减超过 5%	−135471	0.10	−13547.1
基本	投建成本缩减 5% 至超出 5%	0	0.66	0
不利	投建成本超出 5%~15%	135470.9	0.17	23030.05
较差	投建成本超出 15%~25%	270941.8	0.06	16256.51
最坏	投建成本超出 25% 以上	758637	0.01	7586.37
合计			1	33326.84

根据成本超额风险价值的运算方法和步骤，推算出其他风险价值（不包括根据专家组建议确定的无法进行量化的风险），再在此基础上根据产生风险的时间节点，计算出它们的净现值，如表 4-20 所示，即 4 号线 PPP 项目中可以进行量化的风险价值。

根据表 4-20 可知，J 市 4 号线 PPP 项目的风险价值为 363384 万元。

表 4-20 J 市 4 号线 PPP 项目可量化风险价值　　　　　　单位：万元

风险因素		风险价值（Vr）	发生时点	净现值（NPV）
投建期风险	资金筹集能力不强	16301	建设期平均分配	14592
	勘察设计不足	17291		15478
	分包方违约	24381		21824
	建设用料设施供应方违约	22840		20045
	施工技术	22623		20251
	建设成本超额	33327		29832
	竣工风险	33041		29576
	工程品质风险	20671		18503
	机构协调性不强	22101		19783
运营期风险	运营维护费用超额	34362	运营期平均分配	20271
	运营管理不足	29566		17450
	经营技术	28863		17025
	市场需求	54077		31903
	市价风险	44042		25983
项目实施周期风险	税收政策改变	9081	项目实施周期平均分配	5357
	原料、劳务价格增长	76201		44954
	利率风险	17896		10557
合计		506664		363384

（3）项目风险的分担。事实上，项目风险分担与绩效之间有密切联系，特别是在开展物有所值定量评价项目的核心环节。为了完成项目风险的科学分担，本案例依据柯永建等（2008）提出的有关观点，通过归纳梳理，将我国一些研究者设计的 PPP 项目风险分担体系作为基础，在研究国际上同类项目施工合同的要求、施工指南和国内相似项目合同中的有关风险分担惯例的基础上，依据项目的运行方式，也就是政府与社会资本按照 7：3 的比例实施投资，把辨识出来的能够量化的风险有效地分摊给政府和社会资本，如表 4-21 所示。

结合上述风险分担方式，设定双方平均分担风险的转移系数是 0.5，大多数风险由政府负担的转移系数是 0.25。表 4-21 反映出本项目主要涉及保留风险价值、转移风险价值两方面的评估，对于保留风险价值，约为 20.6033 亿元；而转移风险价值约为 15.7351 亿元。

表4-21　J市4号线PPP项目可量化的风险分担

期间	风险分担方案
投建期	结合特许运营协议，政府和社会资本会按7∶3的比例来投建此项目，根据最具控制力和责利相适的原则，本案例中选取双方初始投建资本的比值作为投建阶段风险的分担比，以此来评估风险转移与保留价值
运营期	按照经济责任与利益相结合以及风险控制的要求，针对运营阶段的风险应该让社会资本完全负担，那些双方都无法掌握的风险采取均摊，对于政府定价风险，由政府承担
项目实施周期	社会资本根本没有控制力，依据FIDIC合约中的施工要求与国内的招投标文件内容可知，由政府负责的均是外生市场风险，两者都对其没有控制能力。由于政府通常都是实物投资，虚拟服务投资不足30%，所以相关风险由政府承担，其他的风险由双方平均分担

综上所述，该项目风险调整项、PSC值和项目竞争中立项的折现净现值都是在严谨的数字计算后得到，将三者累加，即得到本项目的PSC最终值为141.85亿元。

（二）计算项目PPP值

项目PPP值计算涉及以下两点：第一，PPP值的影子价格，是指在项目前期的决策环节，政府算出在PPP模式下其应当投入的全部成本的净现值；第二，PPP值的实际价格，是指在项目招投标的实施环节，根据投标方给出的真实报价，计算出在PPP模式下政府应当付出的所有成本。

由此可见，VFM评价方法适合在前期决策阶段使用，当PPP项目进入招投标阶段后不再适用。根据前期设想，计划先用PSC值和使用影子报价推算的PPP值进行比较，以此计算出VFM的预测值，之后用实际报价PPP值与PSC值进行对比，从而计算出VFM定量评价结果，将VFM预测值与定量评估结果进行对比，进一步验证模型准确性。但由于J市4号线目前处于运营阶段，因此可以获得4号线的PPP项目真实投标价格，通过使用真实报价PPP值能够准确、严谨地判断出在本项目中使用PPP模式是否能实现物有所值。所以，根据以上分析可知，将实际报价PPP值与PSC值对比，能更好计算出VEM的数值。

1.PPP投标价

根据J市地铁4号线的特许经营协议中的有关条款可知，此项目中社会投资方负责机电设施方面的投建和特许经营期间的经营维护工作，同时通过票务和站内的其他商业收入来获取投资报酬，并确定以该线路的客流总量和收入预估报告中提到的平均票价与客流信息为依据来保证京港公司的票务收入。因为与 PSC 值中得出的票务收入相同，所以在对 PPP 投标价进行计算的过程中，没有加入票务收入的补助。除此之外，特许经营协议中指出了归属于京港公司的 A 部分经营权需要支付租金，每年大约要向政府缴纳 4250 万元。

根据以上分析可知，由于 PPP 合约的内容限制，社会资本合作方需要定期向政府缴纳租赁费用 4250 万元/年，而政府不需要向其支付任何费用资金，根据公式可计算出 PPP 的投标价格为-75217 万元（由于 PPP 的投标价格实质上是政府在为社会资本合作方提供服务收到的费用，因此在 PPP 合同中属于社会资本合作方向有关政府支付的租赁费用，所以这一数值为负数）。

2. 政府投资成本

政府参与投建的部分工程包括区间、车站、道路等土建工程，政府针对这些项目投入的成本展开计算，可根据政府投建部分的内容在初始公共部门比较值（PSC）组成部分中挑选出与其相关的基础成本项，进而获取有关政府投资的成本，其中筹资成本和项目建设的其他开支，是以政府投资占比 70%为依据来确定与提取的。表 4-22 是政府投资成本的构成及其相对应的估值，可知该线路政府投资的成本净现值为 82.43 亿元。

表 4-22　4 号线中政府投资成本构成与对应的估值

投建期成本	估算额（万元）	净现值（万元）
融资成本	63564	56898
前期工程准备费用	16648	14902
车站工程	580742	519843
区间工程		
轨道工程	35340	31634
工程建设其他费用	224590	201039
合计	920884	824317

3. 保留风险价值

通过以上分析可知，该数值和 PSC 值中所包含的保留风险价值大致相同，均为 20.6033 亿元。

根据对上述三个部分的计算，可以得到实际报价 PPP 值为 95.51 亿元。

（三）定量评价结果

根据以上分析可以发现，PSC 值-实际报价 PPP 值=物有所值量值。所以可以求得物有所值为 46.34 亿元，由于 VFM=46.34 亿元>0，而对比采用政府传统采购运营模式，PPP 模式的效益更佳，可以帮助政府减少支出 46.34 亿元，因此应该运用 PPP 模式提供项目。通过以上分析计算可以发现，J 市 4 号地铁线路项目使用 PPP 模式运营可以达到物有所值的效果。

四、项目物有所值评价结果

在财政部的相关文件和法令的指引下，通过数据测量、资料整理与分析等，可知不管是定性研究还是定量研究，J 市地铁 4 号线 PPP 项目物有所值评价的结果均为"通过"，理由如下：首先，项目定性评价得到了 87.5 分，远高于标准值（60 分），项目达到了物有所值定性评价规定的标准。其次，项目的物有所值评价量值是 46.34 亿元，指数值是 36.27%。这就说明在同等的产出绩效情况下，政府在本项目上如采用 PPP 模式会比采用传统采购模式节约 46.34 亿元，节约比例是 36.27%。

第三节　F 市民生养老院 PPP 项目

一、项目概况

1. 建设内容

作为 F 市重要的民生养老院，本项目受到了社会各界的关注。本项目拟定占地面积 47301 平方米，包括 56000 平方米地上建筑面积、7200 平方米地下车库面积，计划设置床位 1500 张，为 F 市老人提供服务。F 市民生养老院由两部分组成：一是由中央投资的以孤寡老人为主要服务对象的社会福利院老年养护楼，该部分总体建筑面积约为 21250 平方米，其中包括老年养护楼和综合楼，占地面积分别为 15850 平方米和 5400 平方米，共有床位 500 张；二是通过向社会吸收资金建设的主要为智障、康复和居家养老等老年人服务的社会引资项目，该部分建筑面积约为 34750 平方米，另有地下车库面积约 7200 平方米，其中计划建设智障老人公寓楼、自理型老人公寓、综合楼、居家养老楼、康复楼及对应的综合配套设施等建筑，共有床位 1000 张。

2. 项目结构

本项目预计总投资 2.2 亿元，其中主体费用 1.533 亿元，土地费用 2870 万元。主体费用全部由社会资本投资，项目完工后由社会资本合作方经营，可提供 1000 张床位，预估每张床位月收入 2600 元；另外，政府配套工程总投资额为 3800 万元，由政府和社会资本合作方共同建设，计划政府投资 1430 万元，剩余部分引进社会资本，该部分工程建成后可以提供 500 张床位。

据统计，社会资本总投资包含 1.533 亿元的主体工程和 2370 万元的配套工程，总计 17700 万元。

3. 项目产出说明

本项目预计共向社会提供 1500 张床位和相关养老服务，其中 500 张床位由政府保证提供，1000 张床位由社会资本合作方提供，根据特许经营协议，项目公司负责为基本养老服务人员（低收入老人，"三无"老人，低收入的失能、半失能老人）提供服务，政府将 500 张床位用附加床位补偿的方式交予项目公司，由项目公司统一自主运营。

提供的养老服务内容包括日常生活照料服务、餐饮服务、个人起居服务、助浴服务、代办服务、预防保健服务、陪同就医服务、教育服务、咨询服务、休闲娱乐服务、康复护理服务、紧急救助服务、物业管理维修服务等。

4. 项目运作方式

本项目计划采用 PPP 模式进行投融资及运营管理，在市场化的竞争机制下，吸引社会资本进入，共同确定双方权利与义务，遵循利益共享、风险分担的原则，发挥各自优势，取长补短，形成一种战略伙伴式的合作关系，保证项目顺利完成，双方共赢。

本项目具体运作方式为BOT（建设—运营—移交）模式，拟定30年项目特许期，其中包括建设期2年，运营期28年。

政府采用招投标的方式选出合适的社会资本合作方签订特许经营协议，由社会资本合作方出资成立独立项目公司SPV，政府授予SPV对本项目的特许经营权。在30年的特许经营期限内，除政府的部分投资外，SPV公司将负责本项目主体工程全部环节和配套工程部分环节投资及建设，拥有对整个项目设施的运营维护和管理权力，在向社会提供养老服务的同时获得合理的利润回报。在特许经营期限届满后，SPV需要将项目设施完好、无偿地交还给政府机构。

二、项目物有所值定性评价

首先成立该项目PPP专家组，由专家组根据设定的评价标准，结合实际情况，采用评价指标体系对政府传统采购运营模式和PPP模式分别进行独立分析，以百分制的评价方式，计算各项指标的加权平均值。

（一）项目物有所值定性评价指标

项目VFM定性评价指标选取了全生命周期、风险管理、产出绩效、市场机制作用、政府机构能力和目标可实现性六类指标，并根据项目特征在各类基本指标下细分二级指标，具体指标明细及权重如表4-23所示。

表4-23 项目PPP模式VFM定性评价指标体系

编号	评价指标	评价内容	权重（%）
1	全生命周期		15
1.1	整合潜力	有机整合项目的方案设计、投融资管理、运营管理、施工建设等所有环节的能力	3
		吸引多个社会资本合作方，统筹规划，形成规模效应的能力	2

编号	评价指标	评价内容	权重（%）
1.2	全生命周期成本	PPP 模式降低全生命周期总成本的能力	5
1.3	全生命周期效率	PPP 模式对提高项目全生命周期工作效率的强度	5
2	风险管理		15
2.1	风险识别与分配	准确识别潜在风险并进行合理分配的可能性	10
2.2	风险应对与管理	风险能否进行有效管理	5
3	产出绩效		15
3.1	产品/服务价格	价格设定是否具有合理性	3
		价格能否作出合理调整	1
3.2	产品/服务数量	产出能有效增加市场供给	3
		产出能否与需求很好地匹配	2
3.3	产品/服务质量	质量标准满足市场需要的程度	2
		产品/服务质量进行客观、独立评估的可能性	4
4	市场机制作用		20
4.1	潜在竞争程度	对老年人及家属的吸引力强度	10
		提供公开、公正、公平竞争的可能性	5
4.2	鼓励创新	项目设计的创新性	5
5	政府机构能力		5
5.1	治理能力	帮助政府转变职能角色，加强治理能力	2
5.2	监管能力	有利于政府有效监督的强度	1
5.3	履约能力	政府对项目的履约是否有保障	2
6	目标可实现性		30
6.1	融资可行性	项目融资是否具备可行性	10
6.2	合法合规性	项目对法律、政策的解读程度	10
6.3	方案可行性	技术方案是否具备可行性	7
6.4	社会公众接受度	项目对公众的影响积极效益程度	3
合计			100

（二）定性分析及评分结果

根据本项目 PPP 模式 VFM 定性评价指标体系，对 PPP 模式和政府传统采购模式进行综合对比分析，从评价结果来看，PPP 模式下全生命周期、风险管理、产出绩效、市场机制、政府机构能力和目标可实现性的综合评价结果都略高于政府传统采购模式，具体分析如表 4-24 所示。

表 4-24 PPP 项目物有所值综合对比分析

编号	评价指标	评价内容	PPP 模式加权得分	政府传统采购模式加权得分	两者对比分析结论
1	全生命周期		10.9	8.12	在全生命周期方面，项目采用 PPP 模式比政府传统采购模式更优，同时整合潜力大，可以有效降低总成本，提升总体工作效率
1.1	整合潜力	有机整合项目的方案设计、投融资管理、运营管理、施工建设等所有环节的能力	2.28	1.71	
		吸引多个社会资本合作方，统筹规划，形成规模效应的能力	1.5	0.76	
1.2	全生命周期成本	PPP 模式降低全生命周期总成本的能力	3.6	2.9	
1.3	全生命周期效率	PPP 模式对提高项目全生命周期工作效率的强度	3.5	2.75	
2	风险管理		11.4	8.1	采用 PPP 模式在风险管理方面优于政府传统采购模式，能更加全面地识别风险并合理分配，社会资本风险管理能力更强
2.1	风险识别与分配	准确识别潜在风险并进行合理分配的可能性	7.5	5.5	
2.2	风险应对与管理	风险能否进行有效管理	3.9	2.6	
3	产出绩效		11.7	9.91	采用 PPP 模式可以使服务更加满足市场需求，服务质量有所提高，在降低价格的同时提高质量
3.1	产品/服务价格	价格设定是否具有合理性	2.34	2.34	
		价格能否作出合理调整	0.8	0.65	
3.2	产品/服务数量	产出能否有效增加市场供给	2.28	2.28	
		产出能否与需求很好地匹配	1.7	1.14	
3.3	产品/服务质量	质量标准满足市场需要的程度	1.64	1.3	
		产品/服务质量进行客观、独立评估的可能性	2.96	2.2	
4	市场机制作用		16.6	13.5	采用 PPP 模式可以提供一个公正、公平的平台，减少传统模式的主观随意性，提高创新能力
4.1	潜在竞争程度	对老年人及家属的吸引力强度	7.5	6.4	
		提供公开、公正、公平竞争的可能性	4.4	4.4	
4.2	鼓励创新	项目设计的创新性	4.65	2.7	
5	政府机构能力		4.17	3.47	

续表

编号	评价指标	评价内容	PPP 模式加权得分	政府传统采购模式加权得分	两者对比分析结论
5.1	治理能力	帮助政府转变职能角色，加强治理能力	1.9	1.08	采用 PPP 模式帮助政府从施工角色转变为监督角色，可以提高政府治理能力
5.2	监管能力	有利于政府有效监督的强度	0.73	0.85	
5.3	履约能力	政府对项目的履约是否有保障	1.54	1.54	
6	目标可实现性		25.5	21.3	采用 PPP 模式是在合法、合规的情况下进行的，它的设计方案综合多方因素，具有较强可行性
6.1	融资可行性	项目融资是否具备可行性	7	5	
6.2	合法合规性	项目对法律、政策的解读程度	9	7	
6.3	方案可行性	技术方案是否具备可行性	6.44	6.44	
6.4	社会公众接受度	项目对公众的影响积极效益程度	2.85	2.85	
	合计		80.01	64.39	

综上所述，本项目采用 PPP 模式比传统采购运营模式具有明显的优越性，具体表现在项目风险管理、政府治理能力、产品/服务质量、目标的可实现性等多方面。通过采用 PPP 模式，吸引社会资本进行投建运营，可以充分提高产品/服务质量、降低政府财政压力、提高项目运营效率、增加利润收入。本项目使用 PPP 模式能够实现物有所值。

三、项目物有所值定量评价

（一）计算依据

1. PSC 测算的项目范围

特许经营协议规定，民生养老院的投资由两部分构成：一部分是由特定代表 SPV 公司承担本项目的设计、投融资管理、建设施工等工作，该部分建筑面积约为 34750 平方米，地下车库面积约为 7200 平方米，共有 1000 张床位，这部分在建成后以租赁的方式交由 SPV 公司使用、运营、管理。另一部分是由政府和社会资本合作方共同出资建设的工程，政府通过投资参与项目建设，其目的在于保证该项目的社会服务属性不变，用这些投资保证该地"三无"老人的基本养老需求得到满足。这部分的总建筑面积约为 21250 平方米，包括中央投资 1430 万元，剩余部分吸引社会资本，该部分工程建成后可以提供 500 张床位。为了保证项目的可持续发展，政府将采取实物补贴的方式资助企业。由此可见，整个新项目的投资建设及 30 年的运营维护期间都属于 PPP 模式。为了方便对 PSC 值与 PPP 值进行合理比较，需要保证 PSC 值和 PPP 新项目数值收集范围一致。

2. 测算期的确定

PSC 值的计算是将资金的时间价值考虑在内的，所以，PSC 值包含从方案设计、投融资管理、施工建设、运营维护到最后终止移交的全部生命周期内的现金流量总和。根据该市民生养老院特许经营协议的规定，该项目计划在 2015 年 8 月启动建设，2017 年 9 月完工投入运营，SPV 公司拥有 30 年的经营使用权，所以 PSC 值的预算期应该为建设期和运营期之和，共 30 年。

3. 折现率的确定

根据《政府和社会资本合作项目财政承受能力论证指引》的相关规定，折现率要将财政补贴支出发生年份、同期地方政府债券收益率考虑入内。为此，本项目将采用要素累加法来确定最终折现率。

折现率＝无风险收益率＋风险回报率＋通货膨胀率

本案例采用 2000~2016 年的国债利率作为参考，如表 4-25 所示。

表 4-25　5 年期国债利率

发行年份	利率（%）	发行年份	利率（%）
2000	3.14	2009	4.00
2001	3.14	2010	4.60
2002	2.47	2011	6.08
2003	2.63	2012	5.73
2004	3.12	2013	5.41
2005	3.72	2014	5.41
2006	3.61	2015	4.98
2007	4.81	2016	4.32
2008	6.26		

由表 4-25 可知，2000~2006 年我国的国债利率平均值为 4.32%。所以，以无风险收益率 4.32% 作为计算该养老院项目折现率。

4. 风险报酬率的测算

在采访专家组后，根据其意见，统计本项目可能存在的风险。该项目主要风向包括金融风险、政策风险、施工建造风险、市场竞争风险以及运营风险等。改革开放以来，我国政治稳定，经济快速发展，财政部也通过制定一系列政策来大力推行 PPP 模式，所以政策、金融风险概率低。建造风险和运营风险都能够做好防范。通过分析发现，本项目面临的主要风险为市场竞争风险。该市目前养老产业处于新兴产业，市场利润空间较大，在未来的发展潜力巨大，这将会吸引大量的潜在竞争者进入该市场，同时随着"互联网+智慧养老"模式的出现，养老院也进入了改革重组的新阶段，这些对该项目未来收益影响较大。综合考虑，民生养老院项目在政府扶持下有广阔的发展空间，投资风险较低，但是未来竞争风险较大，投资回报率为 2%~3%，本项目采用 2% 作为风险报酬率。

在通货膨胀率的测算方面，以近几年的通货膨胀率的平均值作为参考。本案例选取 2012~2016 年的通货膨胀率进行测算，分别为 2.6%、3.2%、1.5%、1.4%、2.0%，计算平均值约为 2.14%。

综上计算可得：折现率 = 4.32%+2%+2.14% = 8.46%，取整计算，即为 8%。

（二）公共部门比较值的计算

1. 初始 PSC 计算

在本案例中，初始公共部门比较值是指假定由政府使用传统采购模式为养老院项目进行融资建设以及 30 年特许经营期间经营维护工作所支出的基本费用。依据本案例测算项目的范围，同时结合 PPP 项目初始 PSC 的具体组成，辨识本案例中初始 PSC 中包含的成本组成部分，并对初始 PSC 中各部分的成本数额进行估算。

（1）建设投资成本。本项目包括养老院建筑安装工程费和配套设施设备费两部分，共计 2.2 亿元。根据财务统计，本项目投资建设成本构成及估算额如表 4-26 所示。

表4-26　项目建设投资估算

工程费用名称	暂估投资额（万元）
前期工程准备费	1201
主体工程	11249
地下车库	2880
配套工程	3800
合计	19130

表4-26展示了本项目投资建设成本的具体估算额，其中主体工程投资额最高，为11249万元，其次是配套工程，达3800万元，地下车库和前期准备分别投资2880万元、1201万元，合计19130万元。参照8%的折现率计算，可得到最终项目投资的净现值为17056.93万元。

（2）运营期成本。运营期成本主要体现在公司人员工资、投融资成本、设备维修费、房屋使用费、物品折旧费等方面。考虑到特殊权限期间内每年运营成本的通货膨胀率和床位使用率问题，特别是项目历时30年，这些因素对最后的成本计算影响较大。根据2012~2016年的通货膨胀均值为2.14%，所以在运营期和建设期的平均年通胀率定为2%，即得到各年度的运营成本折现值，如表4-27所示。

表4-27　运营期各年运营成本折现值

运营期	1	2	3	4	5	6	7
运营期成本	914	1152	1156	1091	1031	974	919
运营期	8	9	10	11	12	13	14
运营期成本	868	820	775	732	691	652	616
运营期	15	16	17	18	19	20	21
运营期成本	582	550	519	490	463	437	413
运营期	22	23	24	25	26	27	28
运营期成本	390	368	348	329	310	293	277

根据表4-27，可计算出本项目各年的运营成本净现值，共计18160.54万元。

民生养老院的床位费是主营业务收入，可根据养老院的入住人数及人均月收费额来确定。因此，就需要预测床位的使用率及床位费。通过对该市所有养老院的统计计算可知，床位利用率达到80%以上的占60%左右。那么可以预估该养老院建成后的初期入住率为60%，近期入住率将达到80%，长期入住率则保持在85%左右。初期定为平均每个床位每月2000元的床位费。由于本项目公益性比重较小，所以应将通胀率考虑在长期床位费的测算过程中。根据分析，在特许经营期限范围内的年平均通胀率设定为2%，即可求得本项目的主营业务收入为22700万元。

根据对 PSC 初始值的组成部分的详细分析与计算，得到了 PSC 的初始净现值为12516.79万元。

2. 竞争性中立调整值

竞争性中立调整值即采用 PPP 模式比政府传统采购投资方式所少支出的各种费用总和，具体费用包括行政审批费用、土地费用和其他有关税费等。根据《中华人民共和国营业税暂行条例》第八条的规定，幼儿园、养老院、托儿所等福利机构的育养服务政府免征营业税。同时，城建税、教育费、消费税等都属于免征范围。PPP 项目特许公司 SPV 公司只需要按照要求缴纳15%的所得税。除了规定的税收项外，社会投资方还应按相关规定缴纳印花税。依据我国的《中华人民共和国印花税法》，建筑安装承包合同会按合同价的0.3‰贴花，而该项目投资额约为22000万元，由此测算得印花税约为6.6万元。假设是在建设期均匀投入，印花税净现值为5.8万元。企业所得税按营业收入的15%计算，得出企业所得税的净现值约为2814.5万元。

综上所述，该项目竞争中立调整值的净现值为2820.3万元。

3. 风险调整

基础设施项目风险识别与分担。充分的风险识别和合理的风险分担是该项目成功的关键所在，也是风险调整的关键步骤，更是风险量化的基础。基于我国 PPP 项目全生命周期风险表，经过多次专家访谈后，项目风险可被大致确定。该市民生养老院项目风险分担情况如表4-28所示。

表 4-28 风险分担情况

风险类别	风险因素	政府承担	SPV 公司承担	共同承担
政策风险	法律变更	√		
	审批获得/延误	√		
	税收变更			√
	政府信用	√		
市场风险	市场需求变化			√
	收益不足			√
	通货膨胀			√
	利率变化			√
建造风险	融资成本高		√	
	建设成本超支		√	
	竣工风险		√	
	建筑质量		√	
运营风险	运营成本超支		√	
	维护成本高		√	
	运营效率低		√	

根据风险对项目造成的影响程度及积极、消极作用，首先将所有风险分成五个小组，每一个小组代表风险产生的一种结果等级，分别是有利、基本有利、不利、较差和最坏，将各个分组的组中值看作此类风险后果的评估值。其次，选择五名专家组成专家组对上述五种风险结果的发生概率进行估计，并用量化的数据来表示发生的可能性。再次，根据数理统计相关的运算式，计算出不同风险在不同情况下发生的可能性概率。最后根据相关公式计算风险的价值（风险产生不同损失的加权平均值）。

风险承担支出额=最坏情景发生概率×最坏情景下财政支出数额+基本情景发生概率×基本情景下财政支出数额+不利情景发生概率×不利情景下财政支出数额

下面以市场需求变化和风险为例，分析风险价值计算过程。首先，要对市场需求变化和风险可能会导致的各种结果进行评估，不同程度的风险有着不同大小的影响范围，所以要选取不一样的计算基数。而在 PSC 的计算过程中比较侧重成本的计算，因此在本案例中，设定投建期风险的计算基数作为投建成本；运营期风险中和成本相关风险的计算基数作为运营期成本，和收益有关的风险计算基数作为第三方收入，如表4-29所示。

表4-29 本项目市场需求变化风险后果估计情况

风险情景	风险后果	主营业务收入（万元）	风险后果估计值（万元）
基本	主营业务收入基本不变	22700	0
不利	主营业务收入减少10%	20430	2270
最坏	主营业务收入减少20%	18160	4540

根据表4-29可知，在不同的风险情景下，风险后果、风险后果估计值区别较大。因此，需要进一步优化风险评估，确定各种风险情景发生的准确概率。

表4-30是根据专家组意见、管理员经验总结出的各种风险情景的发生概率，以及对应的风险价值预估。

表4-30 项目不同市场需求的风险价值

风险情景	风险后果	风险后果估计值（万元）	风险概率估计值（%）	风险价值（万元）
基本	主营业务收入基本不变	0	70	0
不利	主营业务收入减少10%	2270	25	576
最坏	主营业务收入减少20%	4540	5	227
合计				1035

根据以上计算方法，可以进一步计算出其他风险的价值，然后通过折现，计算出各种风险价值的净现值。

根据表4-31数据可得到F市民生养老院项目的风险调整值净现值是2136.47万元。再把项目风险价值区分为转移风险价值和保留风险价值两类，通过计算可得，该项目的转移风险价值为1348万元，保留风险价值为788万元。

通过以上分析，可以计算出本项目的PSC值。

PSC值＝风险调整项净值＋竞争中立调整项＋初始PSC值

＝12516.79＋2820.3＋2136.47＝17473.56（万元）

表 4-31 项目可量化风险价值

序号		风险因素	风险价值（万元）	净现值（万元）
1	建设风险	融资成本高	20.73	18.45
		建造成本超支	478.25	426.4
		竣工风险	491.32	438.07
2	市场风险	市场需求变化	1589.04	537.7
		市场价格变化	567.51	195.8
3	运营风险	运营成本过高	908	307.25
		运营管理不力	635	212.8
合计			4689.85	2136.47

（三）PPP 值计算

PPP 值是指某一个建筑物或建筑物系统发生在有效使用期内包括方案设计、产品生产、设备设施维修、基础设施改建、扩建及拆除和节能环保等期间的与该项目有关的成本总和。全生命周期费用主要由初始费用和预计费用两部分构成，细分为项目建设费用、项目建设期利息、税费、手续费和风控调整费。

为了让 PPP 值与 PSC 值具有可比性，本项目精简了研究内容，保证研究结果准确、有参照价值。具体研究条件作以下假设：

（1）统一的基准日期，本项目采用融资截止日或合同到期的最后评估日期为准。

（2）统一的折现率。

（3）统一的通货膨胀率，通胀率在前期的项目招标文件中列明，并事先由政府与投融资企业协商确定。

（4）相同的现金流时间假设。

PPP 值=初始建设和运营成本+特殊成本+风险转移成本

本项目建设投资的 22000 万元中政府出资 1430 万元，其他由社会资本补充。通过计算测算出建设成本及运营维护成本共计 12247 万元。

PPP 项目风险自留与传统方式的 PSC 中风险自留区别不大，可定为 788 万元。

根据合约规定，特殊成本即私人融资成本的项目资本为 40%，其他为银行贷款，银行贷款利率暂定为中长期贷款利率 4.5%。经计算贷款利息为 594 万元。

因此，计算 PPP 值可得：PPP 值 = 12247+788+594 = 13629（万元）。

（四）定量评价结果

在计算出本项目 PSC 值和 PPP 值后，可以进一步求得本项目的 VFM 值，采用 PSC 减去 PPP 值得到，VFM = PSC−PPP = 17473.56−13629 = 3844.56（万元）。说明通过 PPP 模式提供项目比通过政府传统采购模式更加物有所值，可节约政府支出约 3844.56 万元，宜采用 PPP 模式。

通过分析对该项目物有所值定量评价的结果可以知道，该项目确实是物有所值，并且真正起到了节省社会资源的作用。对于如何实现该项目的物有所值的原因，分析主要有以下几点：首先，政府部门和私人企业的紧密协作，很好地分担了项目可能遇到的风险，让风险得到了有效防范和控制，减少了风险损失。通过不同风险价值结果分析，可得市场需求风险的价值最高，为 1589.04 万元。反映出在接下来的项目运营阶段，该市会涌现大量同类别的项目，市场竞争加剧，对企业后期盈利影响较大。其次，社会资本合作方能够提供高于政府的运作效率。私人企业以盈利为最终目的，追求利润最大化是企业发展的长期目标。

四、项目物有所值评价结果

在根据财政部的相关文件和法令的指引下，通过数据测量、资料整理与分析等研究工作，结果表明不管是定性研究还是定量研究，该 PPP 项目物有所值评价的结果均为"通过"，理由如下：首先，项目的定性评价得分是 80.01 分，高于评判标准的 60 分，项目达到了标准。其次，项目的物有所值评价量值是 3844.56 万元，指数值是 22%。这就说明在相同的产出绩效下，本项目采用 PPP 模式比政府传统采购模式要节约 3844.56 万元，节约比例是 22%。

第五章　PPP 项目 VFM 评价
存在的问题及原因

第一节　PPP 项目 VFM 评价存在的问题

一、VFM 评价方法存在的问题

PPP 方法在全球世界范围的普及和应用，PPP 方法下的 VFM 知识框架也在不断优化发展，与此同时，VFM 评价本身的局限性也引起了学者们的深入探究。本书所说的 VFM 评价是从政府的角度对是否应该采用 PPP 模式进行的评估。因此，从政府与效率的角度来看，如果政府资金充裕，用 PSC 法比较 PPP 值和 PSC 值就具有现实意义。但是，当政府机关单位出现现金流短缺或缺乏融资的手段和方法，但人民群众对项目落实存在强烈的意愿，并且预测项目开展的效果十分明显，则此项目是一个势必运行的项目，机构单位希望通过 PPP 方法融资来实现该项目的话，这类项目显然不满足基本假设。如果我们使用目前的理论方法和手段，似乎不是很恰当。所以，VFM 评价体系的局限性依旧需要不断研究和改善。

（一）不符合假设条件的项目 VFM 评价

VFM 评价的前提是采用任何方式项目都能及时实施，且实施模式的输出应建立在相同假设条件下。当一些项目缺乏资金或在传统模式下需要几年后才能实施，而公众渴望该项目立即实施时，可以采用 PPP 模式，如环境治理、垃圾处理、环境保护等。此外，欠发达的国家应用 PPP 方法的首要驱动因素是现金存款不足。在这种情况下，VFM 就算大多数的项目早就进行了 VFM 的评价体系，它们也只是为使用 PPP 模式才进行 VFM 评价，这导致一些项目的评估是为了通过 VFM 评价而进行评价。这些存在的政府工程项目显然不是基本的假设所允许的，在这种情况下，如果直接强行使用 VFM 评价体系，那么评价结果的现实意义将有所缺失。因此，从综合分析角度考虑，现行的评价体系无法解决项目 VFM 评价问题，这一问题明显不符合基本假设，但在实践中这类情况经常发生。

（二）VFM 评价数据基于假设

政府的大部分项目进程情况一般只可以在项目结束后得到。VFM 是在早期决策的情况下的数字量化分析以及常规的性质分析都是在前段时期的假设条件下进行。在项目实施过程中，前期获得的信息和数据与原始估算相比有较大变化，本书研讨出政府项目是 PPP 方法不适合的情况下，分析结果有时也难以改变采购渠道。因此，VFM 评价应该是一个动态的评价过程，后期实施的 VFM 评价应该从早期的决策工具逐步演变为项目管理工具。

（三）评价目标维次单一，缺乏系统性

VFM 的评价方法触及各种各样的结果，我们要从收益、波动率等多个目标来实现最优化组合结果。目前，较多将多个模型总成本的差异作为判断不同模式优劣的标准。在实践中，由于受资源配置、项目结构、合作模式等因素的影响，两种模式产生的经济效益、社会效益和环境影响会有所不同，甚至存在较大的差异。因此，现行的 VFM 评价模型的应用还存在缺陷，缺乏全面性，没有全面地考虑到各自的情况来保证符合公共的目标为所选的模式方案。

（四）多因素无法量化，缺乏全面性

因为 PPP 影响广且周期长，应综合资源，考虑政府和社会资本的能力、项目质量、环境影响、社会效益等因素的影响。虽然大量研究对 VFM 的性质评价进行理论补充，但目前 VFM 的定性评价主要集中在政府机构的可承受度、资金筹措能力、项目落实情况与研发、完整过程的落实程度、暗中竞争的变化等方面，不能有效地进行评价并补充项目的社会效益、环境影响等其他重要因素，导致 VFM 缺乏系统的评价。

（五）定量与定性两者评价结果被割裂

英国财政部将 VFM 定义为"在使提供的产品或服务满足使用者需求的前提下全生命周期成本和质量的最佳组合"。一般情况下，项目成本和质量会以反向关系呈现，也就意味着项目成本下降会导致项目质量变差，项目质量提升则需要投入更多成本，而 PPP 模式可实现 VFM 一定是项目的成本和质量达到最佳平衡点，虽然在这一平衡点成本不一定最低，所提供的公共产品或服务的质量也不一定最好，但结合两者从整体考虑的结果是最优的。例如，使用两种模式建设一条高速公路，在传统的模式下，政府的全生命周期成本是 10 亿元，高速公路的使用寿命是 20 年；而在 PPP 模式下，政府的全生命周期成本是 12 亿元，此高速公路的使用寿命可以达到 30 年。此时，尽管在 PPP 模式下会产生更多的政府成本，但可以获得更长的使用寿命，质量和成本的组合表现更佳，整体更加凸显 VFM 的初衷。

因而，在采用 VFM 方法对项目进行评价的情况下，成本和质量应被作为两个相关因素进行综合考虑，定量评价和定性评价也应被一并考量，而不再作为两个独立的考核过程，需要将两个评价结果通过计算加权值等方式进行有效结合，对项目是否通过 VFM 总体评价进行综合判定。但是，从当前 VFM 评价的相关理论、规定和实践来看，定量分析和定性分析的结果显然是被分开的，这一现实因素也阻碍了真正能够实现 VFM 成本和质量最佳平衡点的测算。

（六）缺乏对评价结论的进一步验证

在对政府早先的项目研讨落实时，只是根据项目的可行性分析并预计融资成本、政府和社会资本投入比例等估算指标，而目前还很难准确计算风险。另外，由于没有进一步验证评价结论，致使该情况下的量化分析和性质分析的结论的可靠性有待商榷，进而导致 PPP 方法的优点并不能显著地体现出来。

（七）项目成本和收益难以确认

在 VFM 量化的评价指导下，成本和利润率是很重要的影响因素，项目所处行业又会严重影响这两个因素。然而，由于没有足够的经验数据，现有测量数据陷入主观和易操作的境地不可避免。同时，贴现利率的选择也是 VFM 讨论体系中的重要因素之一，在不同折现率下测算的结果也会有很大不同，这也会影响项目排序和模式选择的合理性。在传统投资理论中，折现率需体现公共资源投资的机会成本，而实际中，大多数是以当地政府相应年度中长期债券利率（通胀补偿率+纯利率）作为基准进行折现率选择。PPP 包括很多类型，不同类型对应不同支付机制。具体来说，它可以分为用户付费、政府与用户共同付费、政府付费三种项目类型，每种项目类型对应的风险也不同。因此，在 PPP 与传统采购之间选取相同的折现率存在逻辑问题。对此情况，有如下几种常用的方法：均使用十分安全的风险为零的银行利率，对存在风险因子的资金情况进行修正；或者对存在风险因子的流动资金用修正后的贴现利率，主要是调整系统性风险，对无风险的现金流使用没有风险因子的贴现利率。严格意义上讲，后两种方法更合乎逻辑，但为了便于实际操作，PPP 值和 PSC 值均使用了无风险调整后的折现率。目前，我国项目税收政策尚未明确，这一现实情况使项目现金流量的计算和项目风险估算存在高度的不确定性，难以保证测算结果的可靠性。我国 PPP 项目大多是按现行税率计算，但在合同期内，政策的变化可能会带来税率的变化。在这一情况下，由谁来承担税率变化所带来的收益变化将会是需要协商的问题。此外，政府融资成本与社会资本融资成本存在差异，PPP 项目可能需要政府提供长期预算承诺，导致政府承担或有负债。因而，实现物有所值必须首先保证经济、环境和社会的可持续发展。

（八）潜在的利益冲突

社会部门与政府公共部门之间的界限模糊，造成了缺乏责任的风险。所谓的过去的研究存在多重管理问题：存在大量的多元化的情况使用多种手段以至于影响相关机构的决策执行。人们普遍认为，在管理效率方面，社会资本比政府表现更优，可以以较低的成本提供更高质量的基础设施和服务。多方利益相关者存在于 PPP 项目实施过程中，各方利益相关者对项目需求表现也不尽相同。这导致项目存在潜在利益冲突，也为机会主义行为留下了空间。因而，为进一步保证 PPP 模式成功，需要建立信任机制，需要慎防机会主义行为。首先，PPP 模式的主体——公众往往被边缘化。政府作为 PPP 模式主体的代理人，希望可以利用社会资本的高运行效率和庞大的资本来达成实际目的，但流动资金都追求获利的最大化。在与相关机构合作的初期阶段，流动资本的机构会要求政府机构让步，把大部分风险转移给政府部门，对政府机构产生负面影响，不能真正实现资源共享和风险共担。

（九）不确定的量化研究方法不全面，无法有效分担风险

市场化条件下的新风险是 PPP 模式的成本构成要素之一。风险成本受两方面影响，分别是风险损失和风险概率，这两个因素测算相对困难。首先，因为我国目前尚没有完善的、可供查询的风险数据系统。即使有可供参考的历史数据，也很难保证其准确性。这是因为过去部分地区可能会对实际数据进行粉饰和调整以提高其政绩。其次，各地实情是迥然相异的。因此，很难进行风险评估。这就需要做出部分假设，导致评估存在一定主观性，从而 VFM 评价失败的隐患由此产生。

PPP 成功的关键在于把风险分配给最合适的一方进行承担和管理。然而，在实践中，风险与收益不对称的状态存在于大多数 PPP 项目的参与者中。合同安排的长期性可有效锁定风险，但在项目实施过程中，外部环境往往是多变的，相应的 PPP 合同也会被修正。政府身处统治者地位可利用这一优势达成自身利益，而损害社会资本利益。因此，我国依旧缺乏合理合规的定价机制来平衡和保护各方利益，对此亟须制定一套合适的风险分担方案。

（十）PPP 项目的交易成本确认问题

对于资本提供方来说，PPP 的理论涉及的建设、运营均在文件合约中予以反映。项目总成本更低是社会资本一大原则，交易成本和外部性两方面必须在总成本中进行考虑。在 PPP 项目实际过程中，交易成本由利益相关者的异质性决定，

进而影响了 VFM 的实现。PPP 项目涉及多方利益相关者，需要在监督、谈判、管理、外部性与交易成本获取等方面增加更多成本。此外，合同谈判过程冗长也会致使失去许多机会，从而使决策机会成本有所增加。

（十一）程序烦琐，成本高

VFM 评价过程需要大量的工作，收集、整理数据需要投入大量的人力和物力，还需要进一步统计计算。首先，要比较传统的政府采购计划和 PPP 计划的现值。其次，要筛选不同的 PPP 方案，并计算每种方案的成本和效益。最后，在衡量每项活动的成本和效益时，应评估和计算由该活动引起的变化。例如，要考虑税负、保险费用与运输费用，还有一些特殊材料对自然和社会的影响程度。在对所有的项目都进行评估的情况下，则可以预判这项工作的烦琐性和成本的高昂性。

（十二）历时较长，数据不可靠

立足于 PPP 项目特性，时间越长的 PPP 项目合同，需要纳入考量范围的因素越多，控制也就越困难。例如，政府和相关地方机构采用 PPP 的方法来建造跨河大桥。在建设前，对 VFM 进行了评价和分析。在建成后，作为唯一的一座跨江大桥，该桥日通过量较大，短期内符合 VFM 预测分析。但是，在建成后的10 年内，同一条河流上又修建了几座桥梁，这是在效益评估中没有想到的。这造成初始判断与后期实际结果之间误差较大。另外，由于合同期较长，建设初期，在大经济环境或政府支持下，PPP 项目很容易吸引社会资本，也更有可能获得低成本银行贷款。但随着时间的推移，经济形势和国家政策也会发生变化和调整，这可能会导致企业未来很难从银行获得贷款，或者需要付出巨大的代价才能获得银行贷款。在现阶段 PPP 模式下，由于时间过长而产生的各种问题将极大地影响项目成本效益评估的准确性。

（十三）缺乏对社会福利的考虑

PPP 模式下基础设施项目的效益评估应包括社会福利和外部影响。但是因为 VFM 的评价过程中尚没有与之相对应的评价方法，所以目前社会福利和外部影响未被纳入评价范围。若公众需求不能被真正地考虑和理解，也不明白这一建设是否真正对公众有益、是否可以与自然和谐发展、在建设过程中是否存在追求利益的短视行为，那么就不能保证这项建设在未来是成功的。

二、VFM 定性评价存在的问题

（一）VFM 定性评价重结果轻过程

我国目前主要采用定性评价的方法，《指引》是 PPP 物有所值定性评估的主要政策依据。VFM 评价完成后，需要将评价过程和结果形成 VFM 评价报告后上传至 PPP 综合信息平台进行公开披露。

虽然《指引》对 VFM 的定性评价过程进行了规定，但实际操作时依然存在许多不符合规范的行为。一些 PPP 项目复制其他项目模板，其指标权重与补充指标的确定未充分考量项目与项目之间、行业与行业之间的差别。部分部门为了通过 VFM 评价，利用选取优势补充指标、调整指标权重等方式，人为操纵定性评价结果，使项目实际状况很难在评价报告中被客观地反映。VFM 评价的重要性在尚未得到充分认知的情况下会导致"走过场"现象的出现，VFM 评价被有些人判断为只是一个简单的形式问题，这是 VFM 评价流于形式的主要原因。除此之外，部分政府将 PPP 模式作为融资手段用来缓解当地政府债务压力，这也会使评价结果趋于主观性。

现阶段，实施机构会将项目 VFM 定性评价委托于专业的第三方机构进行。原则上被委托的第三方机构应立足项目的实际情况，经过专业考量后为实施机构提供专业的咨询服务，对项目是否采用 PPP 模式进行评价。但是在实际操作过程中，一些项目的 VFM 定性评价流于形式，只注重评价结果，轻视评价过程。一方面，部分项目预设评价结果，致使本由第三方专业机构提供咨询服务而变为第三方机构提供鉴定服务的结果，也就是为提供一份评价报告来满足审批流程而开展 VFM 定性评价；另一方面，评价以结果为导向，仅仅关注 VFM 定性评价打分情况，缺乏对定性评价扣分项及扣分原因的关注，没有足够重视项目实施方案中不利于 VFM 目标实现的条款，VFM 定性评价也没有充分发挥指导政府更好地实现 VFM 目标的作用，致使这一评价依旧停留在为项目能否采用 PPP 模式提供简单结论和判断依据的初级阶段。

（二）评价指标不完善、适应性不强

我国目前的定性评价方法很大程度上是基于专家的分析能力、主观判断能力和相关实践经验，从社会资本运营能力、政府资金、行业发展、基础条件、环境等方面判断 PPP 模式是否适用于本项目。在定性评价中，明确了专家组成、指标构成、评分规则、结论判断、基本指标和辅助指标权重。根据目前的定性评价指标和权重构成，在实际操作中，由于受评分细则的限制，很难有效、准确地衡量整个生命周期的集成度、风险识别与分配、潜在竞争程度。为使评分更为客观，还需细化两个核心指标的评分准则和尽可能多地提供其他指标的材料与证据。我国的评价指标只有 12 项，更多注重项目本身条件，在政策、环境、经济、社会效益等外部指标上有所关注较少，全面性不足。现有指标的内涵分析、基本指标和补充指标的划分也比较粗糙，需要继续完善和细化。

同时，目前定性评价标准的可操作性差。虽然 PPP 项目 VFM 评价指南中规定的 VFM 评价团队涵盖了所需专业领域的专家，但不同专业领域专家都需要对项目的所有指标进行评分评价。因为一些专家在某些方面缺乏相关的理论及实践经验，大多数专家并不会提供全面的权威性指标评价结果。VFM 评价规则采用的方法会去掉最高分和最低分，所以某一领域更权威的专家打分很可能会因为分数高低而被淘汰。定性评价方法具有操作简便的优点，但也会加剧 PPP 项目 VFM 评价值的偏差，使其评价失去参考价值。现行标准只规定了专家的专业领域，尚未对专家能力水平、不同类型专家的数量、专家中立性等方面加以限制，那么完全相反的评价结果也可能在专家组会议召开时出现。此外，不同行业项目会采用不同绩效评价方法。但现行的评价标准只设置了 6 项基本指标，从行业差异来看，这些指标并没有得到广泛适用。虽然有补充指标需要调整，但权重小，导致效果有限。这给不同行业的 VFM 定性评价带来了不便。

（三）PPP 项目专家打分设置不合理

VFM 评价的目的是判断 PPP 模式能否取代传统模式，VFM 评价还应关注"是否可以替代"这一因素。得分低于 60 分表明未通过定性评价，大于或等于

60 分表明通过定性评价。目前，在实际的操作过程中，存在着部分省份尚未建立 PPP 项目专家库或专家库不够完整等问题。

（四）风险分配不合理

鉴于 PPP 项目在可行性研究规划、谈判和实施过程中可能会对风险分担方案进行调整，引发政府支付义务的浮动、项目成本和效率的变化，也就引发项目 VFM 值的变化，这使 VFM 值具有很大的不确定性。相比于前期论证方案，项目实际实施方案在风险分配上存在较大改变，进而大幅度改变政府支付义务，甚至使 PPP 模式不再适合被该项目采用。随着国务院和有关部门加大推进 PPP 模式运用的力度，我国新增大量 PPP 项目和各类 PPP 基金，这些在激发市场活性、转化政府职能、创造经济增长点等方面发挥了重要作用。但值得关注的是，在这一过程中也出现了一些以 PPP 名义变相融资的项目。

政府将 PPP 作为一种简单的融资工具，为了促进项目的发展，政府给予社会资本的投入远远超过了对风险的考虑。目前暂无标准的 VFM 定量评价方法，这一问题也是我国推行 PPP 模式中最基础性的问题。同时，财政部门对同级政府采用的 PPP 模式建设项目的约束力不足，VFM 的定性评价也容易"走过场"，敷衍了事，浪费社会资源。此外，环保产业、城镇化等许多新兴的 PPP 基金上也存在这一问题，地方政府变相以基金的形式推进项目建设，以避免平台公司建设与融资功能的萎缩。

由于缺乏相关基础数据、自身能力不足、信息不对称等原因，政府在谈判中处于弱势地位。未能充分识别项目风险，转让风险定价的不合理性。例如，最低使用量的计算出现较大偏差，将会抬高合同执行中可行性缺口的补贴，提高了财务负担，无法改进 VFM 值。尽管这在一定程度上改进了谈判中政府的不平等地位，但这会提高对第三方咨询机构的要求，如高水平的能力与丰富的相关行业经验，这已成为我国 PPP 推广过程中不可预见的风险。

此外，对于项目前期与谈判过程中识别不到的风险，合同中没有明确的分配与调整机制，不利于项目的长期平稳运转。PPP 项目的生命周期通常很长，有些项目可持续 30 年以上。在如此长的时间内，由于政治和技术因素的变化，可能会出现不可预测的风险，包括不利于项目实现的负面因素导致的成本增加，也可能涵盖有助于项目实施的有利因素而产生的利润上升。在政府与社会资本的合作契约中，应针对这些未确认的风险进行合理的调整和分配。特别要避开负面因素引起的根本性环境变化，最终导致项目无法继续实施。尤其是对于涉及国计民生的公益性 PPP 项目，政府必须确保项目的合理存在和正常运行。因此，有必要对合同中出现不可预见风险时的分配和调整机制进行合理的描述，以避免风险发生时进一步协商带来的不确定性和社会总成本的急剧增加。

（五）VFM 定性评价与可行性研究关系不明确

VFM 定性评价是 PPP 项目中的一种新方法，可行性研究是我国基础设施建设过程中一个不可或缺的环节。现阶段，两者的关系尚不清晰。首先，在目标和流程方面，这两者存在明显差异。可行性研究是为了判断项目是否具有可行性，而 VFM 定性评价是在项目通过评价可行性研究后判断项目是否使用 PPP 模式。其次，这两者之间具有强相关性。可行性研究为 PPP 项目的财务模型构建、回报机制设计、运营模式设计与交易结构设计提供了依据，也是 VFM 定性评价的重要基础。最后，可行性研究的结果可为 VFM 定性评价提供更细致的信息，为后续 VFM 定量评价提供重要的数据支持。

（六）咨询机构能力欠缺

在专家打分法中，专家和第三方咨询机构的水平和专业能力将直接影响评价结果。现阶段，在各地 PPP 项目决策中当地各级政府表现出过度依赖第三方咨询机构。在实践中，由于咨询机构在中立性与专业性方面表现不佳，一些项目评价结果的公正性与客观性遭到破坏。基于 PPP 项目的行业特性，不同领域项目的内容和重点可能存在很大的不同，假如对项目数据的收集与分析不充分，或专业能力不足，在进行 VFM 评价时就很难保持客观性。咨询机构缺乏独立性很大程度上表现为它们不能保持独立性原则。部分咨询机构被委托单位主观意愿所影响，无法做好评价工作。而且积极迎合委托单位的要求，最终按照委托人意愿提供相关评价报告，这样则难以保证评价结果的公正性。

（七）监管机制不够健全

《指引》中明确指出，需要在项目识别及准备阶段实行 VFM 评价，作为事先批准的流程，VFM 评价是事先批准流程，评价仅基于评价报告，这也造成相关机构在实践中只注重 PPP 项目 VFM 评价的事前考核，而由于评价报告本身的不确定性，这一考核也显得非常薄弱。即使《指引》明确规定 VFM 评价报告需要在 PPP 综合信息平台上公开公布，但关于项目实施过程中 VFM 的具体考核并不详尽。如若只是简单公开，在实施中如需根据评价结果对具体项目的执行情况进行分析和修改将很难完成，也很难保障评价本身的客观公正，这也表明了在事项进行中存在对此监管不足的问题。某些项目在进行 VFM 评价时敷衍了事，未能做到客观公正，但由于事后缺乏问责机制，相关责任人很少被问责。这会导致一些专家、咨询机构、官员等变得更加任性妄为，阻碍了 VFM 评价的健康发展。

（八）报告内容评价功能弱

VFM 评价通过评分系统进行定性评价，评价结论包括"通过"和"不通过"两种。报告结果和内容相对简单，只是给予了 PPP 项目"通行证"，它的评价功能相对简单，很难只通过评分来对各指标详尽情况进行具体了解。得分和失分的原因，以及其所对应项目的优势与不足具体体现在哪些地方，这些不足是否可以通过修正措施进行调整，均无法得知。项目的后续实施会受到评价功能的影响，如果这一功能不够完善，会对项目全生命周期内的实施产生很大影响。在项目全生命周期内的实施过程中，VFM 评价报告要与具体的实施情况比较，但相对简单的报告在满足这一要求上略显薄弱。此外，VFM 评价除了验证采用 PPP 模式的正确性，还应该可以发现和解决问题。利用定性评价找出问题后，就要在之后的实施过程中进行修正并解决，以进一步规范 PPP 项目的运作。

三、VFM 定量评价存在的问题

（一）参照项目的选择缺乏统一标准

基于 PSC 评价原则，在进行 VFM 定量评价时应明确所参照项目。参照项目则是指使用传统政府投资模式的项目，并且与使用 PPP 模式的项目有着相同或相似的产出。根据参照项目的定义和要求，有两种选择方法：①相关机构使用较好的投资手段，与 PPP 项目产出相同的虚拟项目；②近 5 年在同一或者类似地区实施的与政府 PPP 项目在产出相同或者非常相似的项目。

在 PPP 项目实际实施中，首先，因为不同项目具有不同特性，因此找到几乎满足第二个条件的参照项目具有很高的难度；其次，即使此类项目可以被找到，但项目历史数据不足或数据获取难度较大等因素也会导致 PPP 项目不能直接与此类被找到的项目进行对比。所以，在定量的评价实践中，现阶段确定参照项目时，第二种很少被采用，大部分 PPP 项目会使用第一种方式。但是，定量评价实践中，在明确虚拟项目边界条件方面，如何判定这一标准，依旧存在很大争议。

具体而言，如果立足于政府传统投资，主要有以下几种筹资方式：①使用地方融资平台融资进行投资；②使用自有财政资金投资；③通过发行地方政府债券进行融资等途径筹措资金。在第一种筹措资金方式中，不会产生融资成本，而在第二、第三种筹措资金方式中，需要在项目运营维护净成本中考虑融资方式相应的融资成本，因此，在不同筹措资金方式下，虚拟项目的 PSC 值计算结果也不尽相同。然而如何判断哪一种筹措资金方式更为符合"现实可行且最有效"这一要求，尚没有明晰可行的评价标准，在具体实施过程中，评价人的主观性反而更加凸显。此外，在当前国家规范地方政府举债机制，进一步将政府融资职能从融资平台公司中抽离出来的背景下，采用融资平台公司为政府投资项目进行融资存在违规的风险；在地方财政能力有限的地区，对项目投资如果全部使用自有财政资金自然非常困难；同时，地方政府债券发行额度在受限制情况下，这种途径筹措的资金对于大型基础设施建设所需的大量资金而言也是无济于事，由此，政府参与投资项目所使用的传统筹资方式有可能不完全符合"现实可行且最有效"的标准，这也增加了合理设置虚拟项目融资边界条件的难度。

虚拟项目的其他边界条件的不同设定，也会导致参照项目有不一样的 PSC 值测算结果。具体而言，如果在政府传统投资方式下，项目运营阶段有自行运营和外包给社会资本两种方式可供选择，采用不同运营模式作为虚拟项目的边界条件，相应的项目运营成本和收入的测算结果也不尽相同。

结合上述可得，如果在参照项目选择上没有统一标准，不仅可能导致项目 PSC 值测算有误，使 VFM 定量评价结果受到影响；而且会使不同 PPP 项目的 VFM 值之间缺乏横向比较的可行性，阻碍大数据的测算和比较，最终难以为 PPP 项目的区域和行业分析提供有效数据支持。

（二）PSC 值中的风险承担成本计算尚存争议

《指引》第三十一条规定，政府自留风险承担成本等同于 PPP 值中的全生命周期风险承担支出责任，两者在 PSC 值与 PPP 值进行比较时可对等扣除。

但根据当前情况，由于 PPP 模式中的融资、建设、运营等阶段可能与传统的政府模式不同，所以使用不同的模式，项目风险的总成本相应也会有所不同，也就是说，使用传统政府投资模式时项目风险的总成本不一定等于 PPP 模式下项目的总风险成本。此外，在使用传统的政府投资模式时，政府还可以通过外部转让将一些风险转移给第三方，也就是说，政府仅承担自我自留风险的成本①。

风险配置按照"风险配置优化、风险收益等价"进行。总的来说，风险分担原则较为一般，也缺乏相应的风险分担补充规则。承担风险的方式有两种：一种是政府或社会资本承担，另一种是双方共同承担。对于不可抗力等双方共同承担的风险，在实践中往往存在主体不明确的情况，使风险分担方法在实践中难以实施。

因此，在计算 PSC 值时，还必须考虑政府传统投资模式下风险的可转移性，也就是说，不应直接基于项目风险作为 PSC 值的组成，而应使用政府自留风险（RRC）作为 PSC 值构成项，即使用参照项目总风险剔除可转移风险后的成本作为 PSC 值构成项。相应地，由于此时 RRC 值是 PPP 值的构成项，故在比较 PSC 值和 PPP 值时，两种模式下 RRC 的差值（$\Delta RRC = RRC - RRC$）反映的才是政府在 PPP 模式下比政府传统投资模式下所减少的风险支出责任的确切数额。

①　政府传统投资模式下的政府自留风险成本 RRC 与 PPP 模式下的政府自留风险成本 RRC 也可能并不等同。

（三）部分项目定量评价流于形式

《指引》明确指出，在开展 VFM 评价时，项目本级财政部门（或者 PPP 中心）应会同行业主管部门，明确是否开展定量评价，并明确定性评价程序、指标及其权重、评分标准等基本要求。基于这一含义，对于不将定量评价结果作为判断是否采用 PPP 模式依据的项目，若定量评价不通过时，项目有可能仍使用 PPP 模式。但是实际上，由于各种原因，这种情况很少发生。在 PPP 项目的实践中，无论是政府还是第三方的咨询机构，如果立足于各自利益角度，被委托进行 VFM 定量评价时，都不缺乏促使该项目使用 PPP 模式的动机。通常，LCC 值的降低或 PSC 值的增加都会影响物有所值定量评价的结果，因而人为地实现"物有所值"结果。最终导致此类 PPP 项目的定量评估缺乏谨慎性与客观性。

此外，现阶段 PPP 项目市场中咨询机构参差不齐，少数咨询机构和从业人员没有相关的专业项目咨询知识和技能，在协同支持政府进行项目 VFM 定量评价时限于表面工作，不具备可行参考价值和一定实际意义。在这种情况下，为有效规避该问题和风险，相关的主管部门应该加强对 PPP 咨询机构的监督和管理，规范市场秩序，保护良性竞争。

（四）未包含项目的社会效益评价

使用传统的政府投资模式，会由于当地财政力量有限、缺乏专业人才和项目建设运营经验等限制性因素，大量的基础设施和需要投资于建设运营的公共服务项目通常难以及时立项实施，因而不能被迅速应用到解决社会问题的实践中。PPP 模式的显著优势不仅是为当前的基础设施和公共建设提供融资途径，而且还能让具有专业技能和相关资源的社会资本在项目建设和运营的过程中发挥优势作用，用其专业资源和丰富经验推动政府更高效地满足社会需求。

与传统模式相比，使用 PPP 模式可以促进项目更快完成建设并投入使用，更高效地为公众提供公共产品和服务，以便公众可以提前享受基础设施和公共服务。但是 VFM 定量评价无法体现 PPP 模式为社会带来的时间价值。

目前，我国采用 PPP 模式的主要原因是政府资金不足，项目无法实施，或几年后才能实施。而且，大部分项目都是公益性项目，如垃圾处理、市政管网、环境治理等。这类公益项目具有实施紧迫、投资额大、社会效益巨大、经济效益不明显或无经济效益等特征。在社会环境和公众环保意识的压力下，政府必须尽快实施。政府寻求社会资金来实现项目建设的主要原因，是政府因资金问题不能立即实施或资金筹措计划跟不上项目建设进度。因此，假设政府采用传统的采购模式，比 PPP 模式效率更高、成本更低，但政府在现阶段缺乏资金，无法实施社会发展急需的项目，应在 VFM 定量评价后进行社会效益评价。

（五）我国尚未合理确定定量评价中的折现率

2015 年的《指引》中规定：用于测算 PSC 值的折现率应与用于测算 PPP 值的折现率相同，并参照《政府和社会资本合作项目财政承受能力论证指引》（财金〔2015〕21 号）（以下简称 21 号文）第十七条及有关规定测算。

PPP 模式本身最重要的一项特征就是合理分担风险，那么风险承担程度不同的 PPP 模式与传统政府投资模式在进行物有所值评价时为什么要求使用相同的折现率？是否应该使用不同的折现率？

仔细阅读《指引》和 21 号文，可以发现 VFM 定量评价中实际上主要涉及三项折现率和一项可能会使用到的折现率：①计算 PPP 项目运营补贴支出的年度折现率；②计算 PPP 项目全生命周期内政府方净成本现值使用的折现率；③计算假设产出绩效相同前提下公共部门比较值 PSC 时使用的折现率；④计算 PSC 时预估参照项目的建设和运营维护净成本的过程中可能会使用到的折现率。

第①项的年度折现率实质上就是项目全部建设成本的一个分摊计算问题。对于第②、第③项的折现率，实质上都是一种现金流折现思路的考量。其中，PPP 和 PSC 的支出责任中都涉及风险承担的量化，前者仅涉及合理分担风险后仍需要承担的风险，后者是需要承担的全部风险。目前，一般是使用情景分析法、比例法等对其进行量化。也就是说，这里是存在不确定性的，而且这两者的不确定性是显著不同的，因此该两项折现率显然不应该使用相同的折现率。对于第④项折现率一般在实务中会考虑 167 号文中第二十九条的第一项作为参照。而当选择这一虚拟参照项目时，其中的建设和运维净成本的计算一般就与 PPP 项目中计算的运营补贴支出责任时的数据密切相关，也就相应可能会涉及与第①项类似折现率的确定。

对于 21 号文中给出的计算当年运营补贴支出责任的公式，可分为三个部分来看：第一部分将项目全部建设成本和一定的合理利润率分摊至受补贴期间的项目；第二部分就是在项目年运营成本基础上，考虑一定合理利润率计算的运营成本；第三部分就是扣减的相应使用者付费的部分。

在进行 PSC 值和 PPP 值折现率测量计算时，立足于哪个角度实施评价是测算的关键点。

VFM 评价必须立足于政府的角度，也就是需要政府在提供的两个方案中做出选择，这一情况下在评价过程中使用相同的折现率是相对合理的。但在测算各个年度的 PSC 值和 PPP 值时，必须纳入对供给方式差异所带来的影响的考量，各方期望回报率受融资成本差异、项目不确定性和项目资产专用性等因素的影响也会有所不同。

项目风险不会影响政府融资，所以基本上政府没有违反合同的风险，从而具有较低融资成本。但是，对于社会资本而言，项目风险会影响其未来的发展和还款能力。如果项目风险很高，将会增加社会资本违反合同风险并使融资成本增加。因此，在融资成本中纳入对项目风险成本的考量是合理的。再者，在 PPP 项目完工后，只能被用于初始计划所规定的用途，具有很强的资产专用性。

除此之外，PPP 项目通常建设周期较长，无论如何识别和分析风险，依旧会存在很大的不确定性。针对这些不确定性，投资者往往要求更多的回报来对冲。

（六）定量判断结果使定量计算失去实际意义

计算项目的竞争中立调整、运营成本和风险成本的操作难度极大。工程领域的可行性研究可以估算投资和运营成本，但对于竞争中立调整和风险成本，尤其是风险成本难以量化测算。首先，自然不可抗力的风险概率难以计算，需要参考大量同类项目，而我国暂未建立包含这些基础数据的数据库系统，数据库系统不完整。其次，对影响因素缺乏敏感性分析，导致定量评价误差较大。通过定量评价计算出的数量仅具有数值意义，但实际意义尚不清楚。

（七）定量数据体系不完善

PSC 方法只是测量 VFM 值的一种手段。PSC 方法只关注 PPP 模式与传统政府采购模式的成本差异，最终导致选择成本最低的采购模式而不是 VFM 的采购模式。VFM 分析是否恰当，取决于基准指标是否足以反映物有所值的多种内涵。如果不能，那么通过此方法进行的 VFM 评价也存在片面性。从以上分析来看，VFM 不仅是成本节约还是增值。资源利用效率所产生的价值，及时提供产品或服务所产生的价值，以及增加社会福利所产生的价值，都不能反映在基于 PSC 的定量评价中。

第二节　PPP 项目 VFM 评价方法存在问题的原因分析

一、PPP 项目 VFM 驱动因素框架分析

本书通过收集大量文献资料，整理筛选出 20 篇具有较高相关性和研究价值的论文。文献的核心内容是研究方法和结果，因此在分析文献时要注意两个方面：一是文献中 PPP 项目的 VFM 驱动因素；二是驱动因素研究的方法。通过分析，公共因素主要包括足够的投资规模、环境因素的考虑、建设和运营、设计一体化相适应、过程公开透明、标准化产品产出、公私利益分配、合同的灵活性、项目准备和采购成本、项目价值、合同的长期性、政府部门的知识和专业技能、详细的产出说明。

关于 PPP 项目的 VFM 驱动因素的研究，现有文献大多考虑的是定性因素，主要存在三类识别方法：一是基于大量 PPP 项目的实际案例研究，从中提取能够提高项目 VFM 的因素；二是对现有文献进行梳理，进一步进行问卷分析，并运用统计学方法对驱动因素的重要性进行排序；三是从 VFM 理论的关键点，通

过一个或几个方面的分类、分析、识别驱动因素。考虑到我国 PPP 项目处于起步阶段，PPP 项目周期长，成功案例不多，公信力不足，现有文献大多集中在国外，并不完全适合我国国情。本书使用第二类与第三类相结合的方法，以确保 VFM 驱动因素的科学性与全面性，基于 PPP 项目 VFM 理论，结合文献整理的共性因素，通过对文献中的驱动因素进行梳理和筛选，得到了 PPP 项目的 VFM 驱动因素清单。

因此，本书选择两步式问卷调查：第一步是试用问卷调查，目的是完善初步清单，验证驱动因素清单的合理性；第二步是正式问卷调查，专家根据最终清单打分。本问卷对被测的各类 VFM 驱动因素采用李克特级量表。其中，"1"很不合理，"2"相对不合理，"3"一般，"4"相对合理，"5"非常合理。问卷调查对象为熟悉 PPP 项目 VFM 理论研究的人员。共发放问卷 10 份，回收 10 份。根据问卷调查结果，增加了"公众参与"因子。专家学习 PPP 项目的知识和经验有助于提高项目实施能力。公众的参与和监督有利于采购运作进一步透明化，构造公众与政府间的沟通机制，助力政府投资决策，以实现 PPP 项目的 VFM。各因素的平均得分均大于 3 分，说明表 5-1 中的驱动因素较为合理，这对 PPP 项目 VFM 的发展具有很好的解释力，有助于 VFM 在 PPP 项目中的实现，具有一定的研究价值。经过整理，本书最终确定了 17 个程序，并分别说明。

表 5-1　PPP 项目 VFM 驱动因素的最终清单及解释

编号	驱动因素	解释
X1	全生命周期成本	由社会资本方将设计、施工成本与运行、维护、检修等成本全部综合，以提高效率
X2	竞争投标	竞争可以鼓励社会资本方创新服务方式、提高服务质量，同时满足政府的成本控制目标
X3	项目准备和采购方面的费用与项目价值相称	为管制项目的整体成本，项目准备和采购费用占比不会过高
X4	合理的风险分配	根据最优化原则，将风险细化，并交给最有控制能力的一方
X5	社会资本的创新能力	社会资本管理或技术创新，降低项目成本，提高效率

续表

编号	驱动因素	解释
X6	社会资本的项目管理能力	社会资本管理能力包含管理方法和管理经验等，能力高能提高项目建设的效率与质量
X7	绩效考核和激励机制	通过绩效考核等措施激励社会资本提供更好的服务
X8	社会资本的专业技能	PPP模式通过私营部门的专业技术优势，为社会提供完善的服务设施，并创造良好的社会经济效益
X9	政府部门的知识和专业技能	政府部门对PPP模式及项目领域的相关专业知识，关系高质量的项目成果和公共利益
X10	过程公开透明	让公众参与监督，提高工作透明度，消除社会资本的顾忌，确保项目的实施效果
X11	充分的投资规模	项目具有更大投资规模对社会资本更有吸引力
X12	提高资产利用率	为项目创造多元收入来源，或者通过协调利用其承担的多个项目获得规模经济效益
X13	注重产出导向	为社会资本有良好的创新空间，要减少投入与过程导向，关注产出导向
X14	合同的灵活性	PPP项目合同具备足够的灵活性，使项目生命周期内的成本合理变更
X15	风险分担的效率	对风险分配方案进行高效执行，保障风险分配的效率与效果，减少项目风险
X16	合理的合同期限	预计的合同期限要合理，项目拥有稳定的资金流
X17	公众参与	公众参与和监督有助于采购操作进一步透明化，构建良好的公众政府沟通机制，以提高政府投资决策质量

在正式问卷调查的基础上，本书选择因子分析法，科学、系统地提取和分类驱动因素，并进一步分析各因素对PPP项目VFM实现的贡献（本章不详细阐述具体的分析过程，分析结果见表5-2），分析了VFM驱动因素对PPP项目VFM的影响过程，达到了PPP项目VFM全生命周期的动态控制。

本书将PPP项目VFM的17个驱动因素分为六类：社会资本方因素、政府方因素、风险管理因素、成本类因素、项目合同因素、项目特征因素，并将每个主成分中的因子按重要性顺序重新命名。SH代表社会资本驱动因素，ZF代表政府驱动因素，FX代表风险管理驱动因素，CB代表成本驱动因素，HT代表项目合同驱动因素，TZ代表项目特征驱动因素，数字代表在该主成分中的排名。

表 5-2　PPP 项目 VFM 驱动因素的主成分

主成分	因素个数	驱动因素	占主成分的比重（%）	占总驱动因素的比重（%）	主成分占总驱动因素的平均比重（%）
社会资本驱动因素	3	社会资本的项目管理能力 SH1	34.67	6.86	6.59
		社会资本的创新能力 SH2	33.26	6.58	
		社会资本的专业技能 SH3	32.07	6.34	
政府驱动因素	4	竞争投标 ZF1	28.69	7.23	6.30
		注重产出导向 ZF2	26.94	6.78	
		绩效考核和激励机制 ZF3	26.60	6.70	
		政府部门的知识和专业技能 ZF4	17.76	4.47	
风险管理驱动因素	2	合理的风险分配 FX1	62.19	7.62	4.63
		风险分担的效率 FX2	6.13	37.81	
成本驱动因素	3	全生命周期成本 CB1	44.5	7.30	5.79
		提高资产利用率 CB2	29.27	4.80	
		项目准备和采购方面的费用与项目价值相称 CB3	26.18	4.29	
项目合同驱动因素	2	合同的灵活性 HT1	56.55	6.55	5.46
		合理的合同期限 HT2	43.35	5.03	
项目特征驱动因素	3	过程公开透明 TZ1	38.34	5.68	4.94
		公众参与 TZ2	31.37	4.65	
		足够的投资规模 TZ3	30.28	4.48	

在问卷调查和因子分析的基础上，对 17 项驱动因素的最大值、最小值和均值进行了统计，结果如表 5-3 所示。

表 5-3　PPP 项目 VFM 驱动因素的贡献程度

序号	驱动因素名称	最大值	最小值	均值
1	合理的风险分配 FX1	5	3	4.66
2	全生命周期成本 CB1	5	3	4.47
3	竞争投标 ZF1	5	3	4.42
4	社会资本的项目管理能力 SH1	5	3	4.20
5	注重产出导向 ZF2	5	2	4.15

序号	驱动因素名称	最大值	最小值	均值
6	绩效考核和激励机制 ZF3	5	2	4.10
7	社会资本的创新能力 SH2	5	3	4.03
8	合同的灵活性 HT1	5	2	4.01
9	社会资本的专业技能 SH3	5	2	3.88
10	过程公开透明 TZ1	5	1	3.47
11	合理的合同期限 HT2	5	2	3.08
12	提高资产利用率 CB2	5	2	2.93
13	公众参与 TZ2	5	1	2.84
14	风险分担的效率 FX2	5	1	2.84
15	足够的投资规模 TZ3	5	1	2.74
16	政府部门的知识和专业技能 ZF4	5	1	2.74
17	项目准备和采购方面的费用与项目价值相称 CB3	5	1	2.63

基于对 VFM 驱动因素贡献度的分析，解释 PPP 项目 VFM 驱动因素的影响，能为提升 PPP 项目 VFM 评价提供科学依据。在 PPP 影响的总体架构下，驱动因素的影响是一个从左到右的渐进过程，这使驱动系统既简单又高效。各因素的相对重要性自上而下递减。在影响 PPP 项目 VFM 的过程中，各个因素的重要性有所不同，重要性的大小反映了 VFM 对 PPP 项目的影响。基于 PPP 项目 VFM 驱动因素的影响框架，能够清楚地知道 PPP 项目 VFM 的驱动力作用的流程，下面分别介绍驱动因素对 PPP 项目 VFM 的影响。

（一）PPP 项目 VFM 评价的社会资本方驱动因素

影响社会上的提供资金投资者的 VFM 的原因从小到大排列分别是社会资本的专业技能、社会资本的创新能力、社会资本的项目管理能力，三个因素的占比分别是 32.07%、33.26% 与 34.67%，三者之间的占比大致相当。因此，社会资本方的能力应该是一个包括三个因素的综合能力。前三个因素所占比例均在 50% 以上，可以作为社会资本的关键驱动因素。因此，社会资本方的主要影响因素为社会资本项目创新能力与管理能力。

与传统的一般政府运作模式相比，社会资本方的项目管理能力是可以节省更多的成本，从而实现 PPP 项目的 VFM。

社会资本的专业技能方面，与负责基础设施项目运营维护的政府部门相比，社会资本拥有更多的专业知识和技术，能够有效控制项目运维成本，将整个生命周期的成本降到最低。

（二）PPP 项目 VFM 评价的政府方驱动因素

发展 PPP 模式的 VFM 的非主要原因是政府影响，平均占 6.30%。政府属于管理部门，在 PPP 模式中居于主导地位。政府方和项目负责人有着不同的权利义务，与此相反他们存在一些特殊、复杂的关系。因此政府的角色在 PPP 模式中起到的作用大小、在项目实施中的行为是否合规、与项目相对人的关系是否合适均会影响 PPP 项目 VFM 的实现。某些单位慢慢减少了对 PPP 实施的参与程度，与此相反，它们提高了运行监管的要求，使其更为全面、规范与严格。实现 VFM 主要有以下四个要素：

第一，政府部门的知识和专业技能。由于公共基础设施建设规模大、覆盖面广，政府应该参与建设过程以确保 VFM 在 PPP 项目中的顺利实现。

第二，绩效考核和激励机制。例如，对税进行优惠、政府提供信用增值，鼓励社会资金提供方提高效率，从而提高利润率。

第三，注重产出导向。政府驱动因素中，注重产出导向，绩效考核和激励机制所占比重分别为 26.94%、26.60%，两者相互接近，应一视同仁。政府应该注重输出导向，而不是投入和过程导向，视察产品或服务是否真正能给公众带来福利，是否让公众得到满意，让社会资本高效地发挥其创新技能、风险管理与项目管理经验的优势，提升服务质量与效率。

第四，竞争投标。竞争投标的平均得分为 4.42，这是政府在实施 PPP 项目中的重点工作。竞争的引入有助于减少 PPP 项目的交易价格，降低 PPP 值，提升 VFM。

（三）PPP 项目 VFM 评价的风险管理驱动因素

风险驱动因素平均占 4.63%，风险因素主要有合理的风险分配、风险分担的效率。合理的风险分配所占的比例远远高于风险分担的效率所占的比例。

第一，合理的风险分配。有学者发现，当政府单位向社会单位分散的风险缓慢加剧，VFM 趋势为先上升后降低。也就是说，只有达到风险分配最优点时，VFM 此时才会达到最大值。

第二，风险分担的效率。合理设计风险责任的划分，从而保证整个项目过程的顺利进行，尽量减少项目各方面的风险控制。

（四）PPP 项目 VFM 评价的成本类驱动因素

成本驱动因素平均占比为 5.79%。在施工过程中，应该尽量降低运营的花费，从提升最大效益的方向出发，优化方案，从而节约施工成本。

提高资产利用率。PPP 模式能够充分满足绩效监控与产出描述的要求，还可通过项目向其他机构开展业务，从而使资产达到充分利用，降低支出成本。

项目的费用和价值应该保持一致。项目准备和采购的成本占项目总成本的比例要适宜，不能过高，以确保项目的全过程收益。

（五）PPP 项目 VFM 评价的项目合同驱动因素

项目合同驱动因素平均占比为 5.46%，重要性排序为合同的灵活性和合理的合同期限，占比分别为 56.55% 和 43.45%。不同的合同期限对 VFM 的影响也不尽相同，应根据项目支付机制、运营模式、风险分配方案。

（六）PPP 项目 VFM 评价的项目特征驱动因素

项目特征中最重要的因素是过程的透明度与开放性，向社会充分公开项目相关信息，既能使社会资本充分了解项目的现状，也能增强政府在谈判中的主动性。

公众参与对 VFM 的贡献适中。政府与公众沟通可以提高透明度，优化竞争，营造好的氛围，增加社会资金流动。

二、针对 VFM 评价影响因素进行原因分析

（一）VFM 评价影响因素的维度选择

PPP 项目 VFM 评价因素复杂多样，第一阶段：因素梳理，如图 5-1 所示。第二阶段：影响因素维度的专家咨询。在整理问卷后分析发现，项目外部不确定

性因素的影响在第一阶段被忽视，如图 5-2 所示，在此基础上对第一阶段因素维度进行了补充。

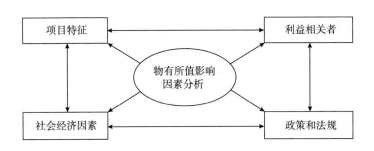

图 5-1 第一阶段维度选择

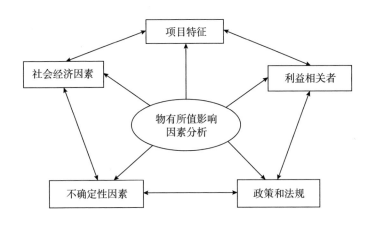

图 5-2 第二阶段维度选择

（二）VFM 评价影响因素的遴选与说明

在分析《指引》提到的计算方法基础上，挑选出 23 个因素，如表 5-4 所示。用隶属度进行筛选，将影响重要程度分为五个层次：非常重要、重要、一般、不重要和非常不重要。在具体调查中通过邮件将问卷发放给 50 名专家，最后得到 48 份回复，其中 43 份为有效问卷。以 0.3 为临界点，剔除 6 个指标后得到 17 个 VFM 评价影响因素。

表 5-4　VFM 评价的影响因素分析

目标层	控制层	网络层	隶属度	有效性	因素释义
PPP 项目物有所值评价影响因素	项目特征 A₁	寿命周期成本合理性（B₁）	0.454	√	PPP 模式下寿命周期成本辨识程度及成本是否被准确预估
		项目规模（B₂）	0.512	√	基础设施及公共服务项目的投资额或资产价值
		项目资产寿命（B₃）	0.505	√	项目的资产预期使用寿命
		项目建设地点	0.226	×	
		项目资产种类（B₄）	0.651	√	PPP 项目包含的资产种类的多少
		创新性（B₅）	0.323	√	项目的方案设计、服务提供等方面是否具有创新空间
	利益相关者 A₂	政府机构能力（B₆）	0.610	√	政府的 PPP 理念及相关政府机构的 PPP 能力
		社会投资者能力（B₇）	0.550	√	社会投资者对 PPP 项目的管理和实施能力
		公众接受能力（B₈）	0.463	√	项目得到最终用户、公众和媒体认知和接受的程度
		社会专业机构评价	0.118	×	
	社会经济因素 A₃	折现率（B₉）	0.621	√	根据预期利润回报确定，影响项目未来经济价值
		资产利用率及收益（B₁₀）	0.532	√	社会投资者在满足公共服务的前提下，实现额外收入
		融资可行性（B₁₁）	0.710	√	项目对金融机构的吸引力越大，融资可行性越大
		经济发展水平	0.05	×	
		潜在竞争程度（B₁₂）	0.407	√	项目在市场中引起社会投资者竞争的程度
	政策和法规 A₄	产业发展限制		×	
		法律和政策环境（B₁₃）	0.452	√	现行的政策、法规等是否有利于采用 PPP 模式
		合约弹性（B₁₄）	0.365	√	现行法律和政策环境下，项目的实施、运营的弹性
		可持续发展因素（B₁₅）	0.406	√	项目与政策环境、经济、社会方面的新举措适应程度

目标层	控制层	网络层	隶属度	有效性	因素释义
PPP 项目物有所值评价影响因素	不确定性因素 A_5	风险识别与分配（B_{16}）	0.504	√	对项目风险正确识别和合理分配
		安全因素（B_{17}）	0.362	√	采购模式在保护项目信息、资产等方面的安全管理
		自然环境变化	0.019	×	
		政策环境变化	0.284	×	

（三）VFM 评价影响因素之间的相互关系

从表 5-4 中可以看到，PPP 项目 VFM 评价各影响因素之间存在相互作用关系，所以在分析过程中引入网络层次分析法解决在分析问题过程中各因素过于独立的不足之处。以下是对二级因素间相互关系的分析：

$B_2 \Rightarrow B_1$：项目投资额越大，受各种因素影响也越大，最终在全生命周期内成本预估的准确性也会越低。

$B_2 \Rightarrow B_3$：项目规模越大，项目资产寿命越长。

$B_2 \Rightarrow B_4$：项目规模决定了应用，直接影响项目资产的种类。

$B_3 \Rightarrow B_1$：项目资产的寿命越长，则周期成本与估计成本的差距越大。

$B_6 \Rightarrow B_8$：政府机构对 PPP 项目的操控能力越强，对建设 PPP 项目的接受程度越大。

$B_7 \Rightarrow B_8$：社会投资者的能力越强，公众对建设 PPP 项目的接受程度越大。

$B_9 \Rightarrow B_{10}$：项目未来收益的计算受折现率影响，折现率越大则净现值越大，项目预期收益越大，所以项目资产利用率及收益越高。

$B_{10} \Rightarrow B_{11}$：社会投资者参与 PPP 项目以获取利润。项目资产的利用率和收益越高，对社会投资者的吸引力越大，项目融资的可行性也就越大。

$B_{10} \Rightarrow B_{12}$：社会投资者参与 PPP 项目谋利。项目资产的利用率和收益越高，吸引的社会投资者越多，市场竞争越激烈。

$B_{13} \Rightarrow B_{14}$：政府积极推广 PPP 模式，有利的政策和法律环境可以激发政府机构和社会投资者的投资热情，在此环境下订立的合同具有较好的灵活性。

$B_{14} \Rightarrow B_{15}$：PPP 模式涉及多种项目类型，容易受到法律和政策变化的影响。目前，更多的激励政策出台，有利于 PPP 项目的可持续发展。

通过对 VFM 评价影响因素的分析，本书认为：首先，这些主体的共同关注点会影响 VFM 影响因素的评价，但一定程度上会反映出这些因素的重要性，因此在分析这些因素时需要重点分析。其次，需要关注项目的特征因素。要以动态的、辩证的视角来分析共同关注点和共性问题，避免片面化和经验主义。

综上所述，政府部门和社会投资者是 PPP 项目实施的直接参与主体，协调两者利益关系具有重要意义。因此，在考虑专家看法的情况下，要与专家进行互动，通过优先选择在 PPP 模式及 VFM 评价方面具有丰富实践经验的专家来保障评价结果的准确性和可操作性。

第六章 PPP 项目 VFM 评价关键技术优化的对策建议

第一节 VFM 评价方法的优化研究

目前，我国基于 PSC 的 VFM 评价方法仍有所缺陷，需要不断改进。这种评价方法既符合政府与社会资本的协同关系，又为项目 VFM 评价带来了合理的决策过程。基于已有的研究成果，本书提出了 VFM 评价方法的改进方向可以从以下几个方面考量：

一、完善 VFM 评价指引

《指引》对 VFM 的定性评价和定量评价进行了部分说明，但对于委托人与代理人之间利益冲突、信息共享、评价前缺乏数据支持等问题并没有从本质上解决。因此，在评价过程中，是否存在委托人与代理人之间的利益冲突和信息共享问题，以及在评价过程中缺乏数据支持等问题结论的合理性取决于预测结果的相对准确性。现有评价模型的折现率、交易成本和使用寿命都是基于对建设成本、融资成本、市场需求等不确定性的预测。另外，由于契约的不完全性，使机会主义行为存在可能性，进而导致潜在陷阱，有可能使这一评价变为 PPP 合法化的工具，或被政府所操控。此外，也有可能降低市场资源配置效率。因此，VFM 评价必须阐明政府和社会资本的权利和义务。可持续和合理的法律框架可以帮助减少利益相关者的机会主义行为，提升社会资本信心。《指引》只是作为试行标准被发布，没有提高到法律层面，不具备强制性。因此，为了在政策上给予 PPP 模式更多有效支持，有必要尽快出台更具操作性和更高标准化的法律文件。

此外，竞争性中立竞争调整值主要是指传统政府采购模型的成本低于 PPP 模式，主要包括土地成本，行政批准成本和相关税费。原则上，PPP 模式的法律和监管框架必须与传统采购模型的法律和监管框架不同，但是 PPP 模式的实施目前尚缺乏系统的法律进行规范，进而竞争性中立调整值作用也很难发挥。

因此，需要进一步完善 PPP 相关法律法规，并阐明 PPP 项目可以享受哪些优惠政策，尤其是利率、税率等方面的根本性不同，以便更好地实现 VFM 评价。此外，会计处理方法的不同也会影响模式的选择，特别是相关资产和负债是否反映在政府的账簿中。综上所述，有必要制定明确的标准，对 PPP 项目的信息披露和会计处理进行更加详细的规范和指引。

二、对 VFM 定性与定量评价进行改进

根据《PPP 物有所值评价指引（修订版征求意见稿）》（以下简称《征求意见稿》）中所提出的要求，对所有的项目均需要进行定性评价和定量评价。如果前者得分大于 80 分，则直接认定为通过 VEM 评价，则可以不考虑定量评价结果。考虑到当前评价分值的均值，定性评价结果需增加标准差检验。讨论是否有必要对定性评价指标的权重进行标准化。

由于早期决策阶段的 PSC 方法是基于风险分担、基准贴现率、投资资金来源等因素的假设，假设的变化较大将导致计算值出现变化较大。因此，还应增加对影响定量评价的关键因素的敏感性分析。

三、增加采购阶段的 VFM 评价

《征求意见稿》首次提出了应开展 VFM 初始定量与定性评价的中期评价。因此，在采购阶段的 VFM 评价对于项目最终能否实现物有所值极其重要，不能跳过这个阶段，而直接进入中期评价阶段。此外，为了实现 PPP 模式的物有所值，在早期决策阶段和采购阶段的 VFM 评价侧重于不同的方面。采购阶段的 VFM 评价应侧重于 PPP 模式是否能实现物有所值的目标，该阶段的定性指标设定和定量评价计算应与前期有所不同。

四、建立有效的风险补偿机制和管制框架

有效的风险配置是 PPP 项目实现 VFM 的基础。在生命周期的不同阶段风险分配应不同，应根据社会资本和政府的优势合理分担风险，政府和社会资本还可以共同承担某些风险。为实现有效的风险配置，进行风险事前评价在预防风险方面起着重要作用，但缺乏必要的调整机制也是实际应用中一直存在的一大缺陷。风险事前预测评价的过程是假设和假设之间的比较，折现率、未来现金流量、项目的残值、风险保留或转移给社会资本的程度、供给和需求关系均需要借助预测技术，预测的质量取决于有关技术人员，所以预测存在风险。如果项目面临失败，政府将存在兜底的风险，这一风险无法准确预测，并且在整个生命周期中，项目风险是动态的，但是当前的评估系统尚未完全考虑。因此需要建立有效风险补偿机制和监管框架，进一步避免认知偏差，消除信息不对称和信息不足带来的风险。

实现 VFM 的关键便是达到最优风险分担，社会资本和政府是伙伴关系，需要在利益相关者理论下，提出合理的风险与回报共享机制，同时在进行风险分析后，达到将风险转移给对风险可以实现最佳控制和管理一方的目的，从而实现 VFM，保障项目可持续性。社会资本具有趋利性，不可能接受不对称性的降低价格风险，为了防止两者冲突造成的政府和社会资本再谈判、提前退出和失败等引发的风险，需要更加关注政府所支付的风险溢价成本和转移风险两方面比例，在

制度层面需要明确有效风险补偿机制，若政府违约则应付出适当补偿。

此外，构建透明、充分竞争性招标机制，更加高效高质地选取合适潜在竞购者，这是PPP模式能否成功实施的关键和保障。PPP项目能否实现VFM和能否最大程度实现VFM是有区别的。如果项目回报率或需求预期超过预期时，通过再平衡条款，政府可以再次分享部分利润。但如果项目回报低于预期，政府可以提供适当的补贴或最低收入保障。还必须考虑其他因素如果通过整合合同，社会资本可以增加项目的建设成本，但会降低运营和维护成本，实现最低的总成本现值。长周期PPP项目，一旦合同签署后，其服务模式和支付机制等都会被确定下来并在长期内保持不变，如果保证项目顺利实施则需要建立完整的政府监管框架和具体指引，可以考虑外部环境变化而建立调整、协商机制。PPP合同条款进行谈判可能会损害PPP项目的物有所值目标，因此，在决定是否重新配置合同时，对于社会资本以较低的价格中标后再进行重新谈判条款的动机要重点关注并且规避。

五、进行全生命周期VFM评价

在PPP模式应用比较成熟的发达国家，VFM评价作为政府决策的依据同样相对成熟，一些国家通过公式化的仿真模型对风险值进行量化。我国的PPP模式刚刚开始普及应用，VFM评价也处于行业发展的早期阶段。理论和方法体系还不完善，在实践和应用中还存在一些问题。在项目积累丰富的历史数据和专家经验后，使用前沿仿真模型进行VFM评价更加现实。为了弥补现阶段VFM评价方法的不足，对PPP项目进行全生命周期的VFM评价更符合我国国情。PPP项目识别阶段、项目准备阶段、项目采购阶段、项目执行阶段、项目移交阶段的VFM评价，不仅可以解决一次性评价不可靠的问题，而且可以为VFM评价方法的改进积累更充足的数据。值得注意的是，虽然每一阶段VFM评价的目的是相同的，但是方法和重点是不同的。第一阶段适合定性评价，第二阶段与第三阶段适合采用PSC评价方法进行定量评价。第四阶段应从财务方面入手，考察项目的实际财务效率。第五阶段应更加重视PPP项目的绩效评价。

六、基于价值工程视角对 VFM 评价体系改进完善

（一）契合性分析及评价体系改善

VFM 评价体系与价值工程是完备效益—成本评价体系的两种不同表现形式，它们的本质是相互联系的。

从系统功能的角度看，VFM 评价体系选择最优方案的功能，是将其定位在项目识别阶段，对优化程度进行评价。评价结束后，方可进行下一道建设程序的施工。

从评价体系方法论的角度看，VFM 评价体系与价值工程的优缺点是互相弥补的。VFM 评价体系与价值工程的结合将使 VEM 评价更系统、更全面、更积极。VFM 评价体系与价值工程的契合性分析如图 6-1 所示。

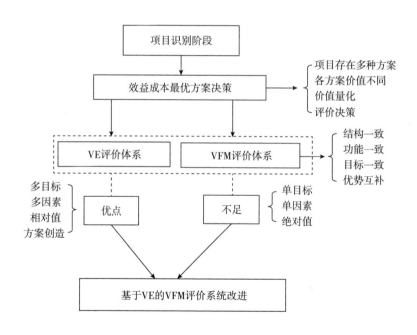

图 6-1　VFM 评价体系与价值工程框架

两类评价体系的理论内涵与辩证关系如图 6-1 所示。在 PPP 项目 VFM 评价中引入价值工程体系，并不表示对 VFM 评价体系的否定，而是通过系统集成提

高 VFM 评价的主动有效性、准确性、全面性与系统性。

基于 VFM 评价体系与价值工程的高度契合性,将价值工程评价体系应用于 PPP 项目 VFM 评价,构建新模式,能够提升 PPP 识别水平。基于价值工程的 VFM 评价体系的改进,如图 6-2 所示。

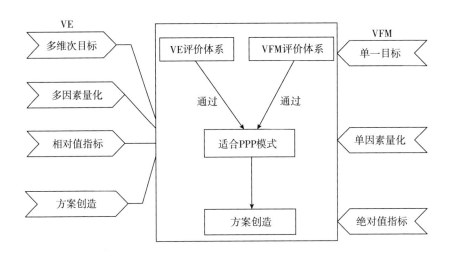

图 6-2　基于价值工程 VFM 评价体系改进

通过对上述系统的改进,可以对 PPP 项目进行综合评价,还能进行方案的创新,并促进 PPP 模式在我国的发展。

(二) 基于价值工程的 PPP 项目 VFM 评价体系构建

价值工程评价体系作为项目识别阶段选择最优方案的科学方法。将两者相结合,比单一的 VFM 评价体系更具系统性、全面性、准确性和主动性。基于此,为方便在 PPP 项目识别阶段进行 VFM 评价,本书研究了该体系的实践过程。

1. 基于价值工程的 PPP 项目 VFM 评价体系构建

(1) 基于价值工程的 VFM 评价的内涵。根据 VFM 评价体系的原理,将传统建设模式与 PPP 建设模式作为两类建设方案,PPP 方案是各级地方政府在传统方案基础上创设的方案。基于价值工程的 PPP 项目进行 VFM 评价时,首先对

PPP 项目备选方案进行定性评价，其次对 PSC 值和 PPP 值进行检验，最后运用价值工程进行进一步检验。只有当方案满足三个条件时，该方案才能被认为是可行的。以实现 VFM 评价体系的改进和方案的创新，使评价结果更加科学可行。

（2）评价体系构思。根据对 PPP 项目识别阶段的基本流程和 VFM 评价方法的研究，为最终的 PPP 项目方案选择提供决策支持。并根据评价结果对 PPP 方案进行再创造，以优化 PPP 方案的预期目标。

1）基于价值工程 PPP 项目 VFM 评价体系构成如下：

$$F = \begin{cases} \sum 定性_i > 60 \\ PSC - PPP > 0 \\ V_{PPP} > V_{PSC}, 且\ V_{PPP} > 1 \end{cases} \qquad (6-1)$$

其中：F 代表项目通过 VFM 评价；$\sum 定性_i$ 代表 i 个指标的定性评价总分；PPP 为项目全生命周期内采用 PPP 模式的政府支出总成本现值，PSC 为项目全生命周期采用传统模式的政府支出总成本现值；V_{PPP} 代表 PPP 模式构建的项目价值系数，V_{PSC} 代表传统模式构建的项目价值系数。

2）基于价值工程 PPP 项目 VFM 评价判断过程如下：

a. 通过当前 VFM 的定性评价，即 $\sum 定性_i > 60$，进入当前 VFM 定量评价程序。

b. 通过当前 VFM 定量评价，即 PSC−PPP>0，进入价值工程定量评价程序。

c. 通过价值工程定量评价，即 $V_{PPP}>V_{PSC}$ 且 $V_{PPP}>1$。

如果评价结果同时满足 a、b、c 要求，则项目通过基于价值工程 PPP 项目的 VFM 评价，PPP 模式适合本项目。

3）价值工程评价功效如下：

a. 价值工程评价使 PPP 的物有所值评价从单一评价对象转变为多方案评价，实现最优方案的选择。

b. 价值工程评价能够弥补目前 PPP 项目物有所值评价的片面性，实现项目的多指标综合评价，使评价结果更加准确、科学。

c. 价值工程评价的客观性能够在一定程度上抵消目前 PPP 项目物有所值评价的主观性，使评价过程更加客观、合理。

（3）优越性分析。评价更加系统全面。价值系数必须大于 1 是价值工程评价通过的必要条件之一，这使改进后的 VFM 有初步筛选的功能。结合专家咨询，对各方案的美观协调性、安全可靠性、各方案特性参数进行定性评价，可以最优化项目方案的成本配置与功能。

评价更加客观准确。在价值工程 VFM 评价的基础上，消除了各种人为假设造成的主观性缺陷。即使项目各种方案的产出和总成本的数量、内容、结构均不相同，通过比较标准化价值系数，也可以选择出价值最优的工程方案。改进后的 VFM 评价体系实现了对项目技术能力、环境影响、社会效益、产品质量等诸多生产要素的量化全覆盖。

2. 基于价值工程的 PPP 项目 VFM 评价体系要点分析

（1）年折现率的确定。通常使用财政补贴支出所发生年份时的各级地方政府债券收益率水平作为参照基础，充分考虑资本加权平均、资产资本定价、无风险利率等综合因素。因此，能否准确、合理地确定折现率是决定 PPP 项目 VFM 评价结果客观、准确的关键因素之一。

（2）风险分担和量化。按照风险分配最优、风险可控、风险与收益对等等原则，在考量项目利润税费等要素，合理配置政府各方应承担的风险。一般来说，PPP 项目的金融和商业风险、运营维护风险、建设、设计风险一般都委托给社会资本方。政府主要承担法律风险、需求风险、政策风险等，政府与社会资本方共同承担不可抗力风险与社会群体风险。

如何对风险进行量化并做出相应的扣除，仍然是一个难题，没有统一的实施标准。本书采用国际通用的比例法，量化了 PPP 项目所涉及的主要风险。PPP 项目的风险成本计算公式如下：

风险成本＝风险成本比例×项目建设运营成本　　　　　　　　（6-2）

该方法在风险概率和风险后果值难以度量的情况下更加具有适用性。

对于国外 PPP 项目风险比例的统计结果为：英国 PPP 项目转移风险的平均

比例约为项目总值的 12%，澳大利亚约为项目总值的 8%。可转移风险成本通常为 PPP 项目总风险成本的 70%~85%。根据两国的统计数据并结合我国实际情况，我国一般将 PPP 项目总值的 10% 作为可转移风险率。

（3）社会环境效益等量化。国际上一般采用综合分析评价、逻辑框架分析与比较分析等方法对 PPP 项目的社会效益、环境效益和质量效益进行量化。

综合分析评价方法一般同时考虑多个社会因素和 PPP 项目目标实现程度，采用数据包络分析、德尔菲、层次分析、矩阵分析等方法，同时使用模糊综合评价法等工具实现多目标科学分析。

逻辑框架分析法逐步进行调查分析，分析核心问题的影响和后果，然后向下推演，得出问题的关键原因，形成"问题树"。把通过"问题树"展示的因果关系转化为相应的手段目标关系，确定"目标树"。最后，通过规划矩阵完成因子量化。

比较分析在同一期间项目建设所产生的社会效益，可以使用有项目的效益的数量减去无项目的效益的数量。

3. 基于价值工程的 PPP 项目 VFM 评价系统实现步骤

（1）价值工程定量评价。

1）确定项目功能评价对象。价值工程是通过对数据和信息的分析，正确阐明每个对象的功能和功能的相应特点。

2）计算项目方案功能系数。咨询专家采用 0~4 评分法汇总各方案功能总得分，计算出各方案功能得分占总分的比例，即项目方案的功能系数。

项目方案功能系数 F_i = 项目方案 i 的功能得分/各方案功能得分之和　　（6-3）

0~4 评分法则通过一对一重要性比较后的得分计算每个函数相应权重。比较有以下四种情况：非常重要的功能得 4 分，比较重要的功能得 3 分，两种功能同等重要时，每个功能得 2 分；不太重要的功能得 1 分；自我比较不得分。0~4 评分表如表 6-1 所示。

表 6-1　0~4 评分表

功能	经济效益	社会效益	得分	功能权重
经济效益	×			
社会效益		×		
合计				1

3）计算项目方案成本系数。PPP 项目全生命周期成本是指项目在整个生命周期（从项目立项、设计招标、施工、运营维护到项目废止）所发生的全部费用，包括研发成本和使用成本。PPP 项目开发成本是指咨询设计、施工和施工的成本。PPP 项目的使用成本是指运营维护成本、管理税等。

项目方案成本系数 C_i＝项目方案 i 的功能成本/各评价对象的功能总成本

4）计算 PPP 模式和传统模式的项目方案价值系数。

价值系数计算公式：$V_i = F_i / C_i$　　　　　　　　　　　　　　（6-4）

其中：F_i 代表项目方案 i 的功能系数，C_i 代表项目方案 i 的成本系数，V_i 代表项目方案 i 的价值系数。

PPP 模式的 V 值必须大于 1 且同时大于传统模式的 V 值，方能通过价值工程定量评价，PPP 模式 V 值越大，PPP 模式值越大。如果 PPP 模式的 V 值小于 1 或低于传统模式，则无法通过价值工程的定量评价，说明 PPP 模式不适合本项目。将 V_i 的计算结果填入表 6-2 中，供方案决策使用。

表 6-2　价值系数决策

方案	功能系数	成本系数	价值系数	最优方案
传统模式				—
PPP 模式		—		—

（2）实现步骤。根据以上对目前 VFM 评价体系、价值工程评价体系及其一致性的分析，并结合基于价值工程 PPP 项目 VFM 评价组合体系的要点，确定了基于价值工程 PPP 项目 VFM 评价具体步骤。

结合评价体系计算公式（6-1），确定基于价值工程 PPP 项目的 VFM 评价，具体实施步骤如下：

1）各级财政部门会同行业主管部门组织专家咨询会，对要求的 8 项评价指标和 2 项补充指标进行定性评分。将各专家得分相加，进行分析通过与否。

2）PSC 值和 PPP 值根据当前 VFM 评价方法计算。如果 PPP-PSC<0 是通过 VFM 评价的必要条件之一，则 PPP-PSC>0 将不能通过 VFM 评价。

3）根据价值工程评价方法，专业咨询机构计算 PPP 模式的价值系数和传统 PSC 模式的价值系数。如果 $V_{PSC}<V_{PPP}$ 被认为是通过 VFM 评价的必要条件之一，那么 $V_{PSC}>V_{PPP}$ 不会通过 VFM 评价。同时，必须满足 $V_{PPP}>1$。如果 $V_{PPP}<1$，则 VFM 评价不通过。

4）评价报告将提交政府审批。根据评价结果，政府针对 PPP 项目初始实施方案的不足之处，重新制定方案，以促进项目实施方案的效益成本优化。

（3）评价结果分析。

1）$\sum 定性_i>60$，表示 i 指标的定性评价总分大于 60，项目通过了本次 VFM 定性评价。

2）PSC-PPP>0 是指在项目全生命周期内，政府支出总成本现值在传统模式下大于在 PPP 模式下的现值，表明项目已通过现行 VFM 定量评价。

3）$V_{PPP}>V_{PSC}$，$V_{PPP}>1$ 意味着 PPP 模式的价值系数大于传统模式，PPP 模式的功能价值大于成本价值。项目通过价值工程定量评价。

若评价结果同时满足上述三个条件，则项目通过基于价值工程 PPP 项目的 VFM 评价，项目适合采用 PPP 模式；若①、②、③结果之一相反，则 PPP 项目不能通过 VFM 评价，项目不适合 PPP 模式。

（4）方案创造。根据结果，针对 PPP 项目的不足，政府可以重新制定方案，促进 PPP 项目优化。方案创造的实现途径如下：

1）项目产品功能不变，全生命周期总成本降低。

2）全生命周期总成本保持不变，以提高项目的产品功能。

3）降低了项目的产品功能，大大降低了整个生命周期的总成本。

4）提高了项目的产品功能，降低了整个生命周期的总成本。

5）整个生命周期总成本略有增加，大大提高了项目的产品功能。

根据上述原则，提出了 PPP 项目的改进方案。

七、健全完善 VFM 评价监督管理机制

完善监督机制，对 PPP 项目 VFM 全过程进行动态检查。依据我国相关法律法规，社会监管、行业监管、行政监管和司法监管这四方面共同构成 PPP 项目监管体系。但目前我国 PPP 监管依旧是以政府行政监管为主。基础设施和公共服务行业缺乏自律和组织，导致在其他方面监管的作用甚微；社会监管失位的一大原因是政府与公众的交流缺乏有效的沟通平台；再者 PPP 有关法律的不完整性也导致司法监管缺失。如需更好地验证 PPP 项目是否物有所值，则必须改善监督机制，提前构建全面的、科学的全生命周期链，并且实现事中严格执行、事后及时检查。只有从监督主体的角度出发，才能建立起包括上级主管部门、公众和多领域专家等主体的多元监督主体体系。在监管体制方面，要弥补现行监管体制的不足，促成行业主管部门、政府监管部门、综合独立监管机构等多方监管机构协同合作。在监管措施层面，通过法律法规、PPP 合同、考核机制、约束激励机制等，实现对 PPP 项目参与者和 PPP 项目自身的全生命周期动态监管。对于采用 PPP 模式的项目，需要建立完善的事后监督机制，将其同政府绩效挂钩。经过事前科学评估，事中严格执行和事后监督检查其是否达标、是否实现公众利益和满足公众需求，方能判定这一项目是否达到 VFM。同时，由于将项目物有所值与政府绩效挂钩，因此这一监督工作应由上级主管部门完成，包括公众适当参与，跨区域专家组交叉检查，避免"自查"的弄虚作假。这有利于政府重视项目建设，真正实现 VFM。

八、完善公平交易的市场规则和规范性文件

VFM 评价产生的基础是市场经济制度。因此，VFM 评价体系也包括公平竞争这一原则。其中公平原则能够确保潜在的供应商有权平等参与竞争，再者建立

市场竞争机制可以给双方提供良性竞争机制。公平竞争的原则对于政府和社会资本双方都进行了严格规范。对于政府方，需要在合作诉求和评价标准方面界定规范，从而保证社会资本方权利。而社会资本方，需要配备信用监管档案，并提供准确风险数据。但从规范文件角度分析，当前的指导法规级别较低，并且只是财政部发布的试行文件，缺乏强制性。因此，需要出台更具有强制性的规范性文件，在法律法规方面保障 PPP 项目 VFM 评价的有效进行。此外，需要不断完善我国 VFM 评价体系，对 VFM 评价过程所涉及的申诉、投诉相关资格判定和具体操作流程做出更加详细的规定。

九、将 VFM 评价贯穿 PPP 项目始终

从国际经验来看，VFM 评价被广泛应用于 PPP 项目的全生命周期。VFM 评价可以根据不同的目的、不同的功能、不同的阶段特征，选择不同的方法和步骤进行相应的评价。例如，英国财政部的物有所值评价贯穿于项目组级、项目级和采购级三个阶段；美国联邦公路管理局在项目决策、采购和实施阶段采用定量评价；爱尔兰在可行性研究阶段和采购阶段，在项目详细评价、项目产出说明、社会资本方响应文件审查、项目合同的签订方面实行共四次 VFM 评价。从我国国情来看，VFM 评价被应用于项目全生命周期，包括项目识别、项目准备、项目采购、项目实施以及项目移交的多个阶段。项目识别阶段，采用基于定性评价的VFM 评价方法来确定 PPP 模式是否能产生良好的价值；项目准备阶段，通过定量评价来判断 PPP 模式是否能降低项目的全生命周期成本；项目采购阶段，将PSC 值与符合条件的待选择社会资本其实际报价进行对比，从而评价该社会资本报价是否为 VFM；项目采购后期，对合同相关条款和政府支付责任进行量化，完成定量评价来评价社会资本报价是否为 VFM，从而最大限度规避最终实施方案与初步论证方案的重大调整；项目实施阶段，按照合同进行项目绩效评价，确保项目的质和量；项目移交阶段，立足于所测算的现有 VFM 基础数据对社会资本绩效进行评价，进一步保证项目的质和量，实现 VFM 的定量评价最终结果，从而判断项目是否应继续采用 PPP 模式。

十、引入实物期权理论拓展柔性投资选择路径

由于灵活的投资选择使公司参与 PPP 项目可以在未来及时进行投资选择，因此可以将这种选择在某种程度上视为实物期权。从而得到更加准确的 VFM 评价结果。在进行 PPP 项目 VFM 评价时，广泛采用实物期权理论可以改善 PPP 项目 VFM 评价的灵活性和生命力。

第二节 VFM 定性评价的技术优化

一、坚持过程导向与健全监管机制

提供咨询服务是定性评价的基本功能，并非提供鉴定服务。定性评价遵循过程取向原则而不是结果导向原则，这是实现其咨询功能的前提。需要关注定性评价的最终评分，但也不能忽略项目的扣分项，需要对扣分项进行分析。定性评估结果不仅应为 PPP 模式在项目中的适用性提供判断依据，还应确认采用该模式是否可以实现政府的 VFM 目标。针对目前定性评价过多倾向于结果导向性的现实情况，迫切需要促进相关的监督和管理机制进一步实现完整化和标准化，提高其事前引导的作用，同时要求相关评价人员参与专业培训以提高评价人员的专业能力及责任心。在此问题上，需要更加关注项目中的管控和审查。为此财政部和行业相关主管部门可以邀请社会领域专家参与到其项目 VFM 评价报告的审核过程中，聆听专家意见，并进一步检查设置结果。事后实施随机抽查与专项检查，对于不合规的 VFM 评价报告需要实行追责程序。

为规范监督和问责机制，可以从事前审核、事中监督和事后问责入手。对于事前审核，不仅需要加强对第三方咨询机构的专业性和独立性审查；同时还需要注重考量地方政府投资项目的动机，并制定具体详尽的审计报告，防止流于形式

的情形发生。对于事中监督，要实行全过程监督，关注项目动态实施和运营情况，并将其与项目评价报告对比，分析差异的节点和具体产生原因，针对差异原因采取行之有效的处理措施，出具详细的书面监督报告，并公开披露、接受社会监督。在事后问责方面，在计算项目绩效结果之后，可以通过绩效结果与 VFM 评估结果的对比，考察项目是否实现 VFM。如果存在异常，则应结合事前审核报告、事中监督报告定位异常原因并实施追责程序。相关政府和咨询机构人员按责任程度接受不同处罚。

二、完善评价标准并提高评价适应性

（一）完善指标体系

现阶段 VFM 的定性评价指标体系由六项基本指标和其他补充指标构成。但基本指标存在适用范围不广、深度不够的弊端，进而这些指标在具体评分时可操作性受到限制。因此，为增强指标体系在实际运用中的适用性，应进一步完善 VFM 定性评价的基本评价指标，同时配置更加详细的下级指标。

1. 扩充定性评价基本指标

定性评价基本指标涵盖公共满意度和可持续发展指数。现阶段，PPP 模式通常被用于与公共利益关联度较高的基础设施建设项目。而政府项目投资的一项关键投资来源是税收收入，纳税人希望政府可以合理地使用这一收入。在这种情况下，如果要确保项目的社会层面效益，那么公众满意度指数的提高以及了解对 PPP 项目公众方面的观点都至关重要。PPP 模式在国外获得长足发展，已经由侧重于关注经济利益阶段进入侧重于可持续发展阶段，同时强调经济、社会和环境多元化的协调发展。

立足于我国现实情况，基于科学发展观与"五位一体"总体布局指导，我国 VFM 评价不仅应关注 PPP 项目经济效益，也应寻求发展和突破，在此基础上对经济、社会和生态等多方进行综合的、全面的分析，更加完整地评价 PPP 项目可持续发展能力。因此，增设可持续发展指标是具有重要意义的。

2. 新增定性评价下级指标

建议新增的下级指标具体如表6-3所示。

表6-3　PPP项目VFM定性评价下级指标

基本指标	下级指标
全生命周期整合程度	偏差弥补措施、资金投入保障、项目阶段预测
风险识别与分配	风险应对措施、风险分配依据、风险识别方法
绩效导向与鼓励创新	创新方法可操作性、创新激励政策、绩效考评办法
潜在竞争程度	鼓励竞争措施、社会资本盈利水平、社会资本关注度
政府机构能力	PPP项目监管能力、政府依法履约能力、政府PPP观念
可融资性	政府融资贡献、项目融资吸引力、融资费用偿还能力

（二）采用量化手段

定性评价过程中具有主观判断的因素，从而也使其评价存在不确定性。而增加量化手段可以降低其评价过程的不确定性。例如，对于融资指标，项目市场融资能力可以量化为融资金额，融资金额可按级别划分，同时对不同级别进行赋值。这一量化过程可以有效降低定性评价的不确定性，但即使通过定量手段来完善优化定性结果，其本质依旧是定性评价的过程。

（三）增加评审意见及打分说明

简单的评分制度不足以促使其评价功能得到实现，其不可能拥有发现问题、解决问题的能力。由于其具有非透明性，不可避免地会受主观操纵。因此，需要在给予评分的同时，增加对评价意见和评分的情况说明。相关专家给予打分相应的评审意见，说明得分和失分原因，以及能否解决并提出解决方案。这样不仅使评分更令人信服，而且根据这些评审意见，后续修改与优化操作也可以得到有效指导。

（四）根据分数分段评级

根据《指引》，定性评价结果被规定为"通过"和"不通过"两种。那么在此情况下，从评价结果来看，评价结果为100分的项目和评价结果为60分的项目没有体现出实质区别。但是，在项目的实际实施中，这种差异是不可避免的。显然，这种极化评价方法并不合理。因此，需要立足于项目定性评价对项目实施具体评分，并确定投资优先级。项目评分越高，在投资中越处于优先地位。通过这一分类系统可以更好地识别高质量的 PPP 项目，促进项目落地实施，保证 PPP 项目更加全面地发展。

三、科学评价 PPP 项目并提高合同质量

（一）科学评价 PPP 项目

对 PPP 项目进行科学的评价有利于促进项目的顺利进行。首先，要加强 VFM 量化评价操作，使项目总风险成本、竞争中性调整值、运营维护净成本与项目建设成本具体量化，避免物有所值的作用出现折扣。其次，要与当地财政经济实力、政府对社会投资者的扶持政策、政府效率、法律环境、人文素质等综合因素相结合。最后，对社会资本投资者的能力进行更科学的评价。客观评价社会投资者的资金来源和融资能力，确保项目进展不存在资金风险。

（二）提高项目及合同质量

PPP 项目的内容比较复杂。因此，应从项目合同与项目特点两个方面提高项目的整体质量，确保 PPP 项目相对于传统融资模式的主干地位。

1. 掌控项目特征新变化

与传统的政府采购模式相比，PPP 项目的特点发生了很大的变化。如果参与者不能尽快适应项目特征的变化，VFM 实施的效率就会降低。

保证过程公开透明。将 PPP 项目全生命周期的各项工作置于公众监督之下，督促项目从立项、筹建、采购、实施、移交的全过程提高质量和效益，保障企事业单位、民众可以依法获取政府信息，进一步增加政府工作透明度，推进履行合同和依法行政，促进政府信息在生活和经济社会活动生产中引导与服务作用的发挥。

有效促进公众参与。现阶段，在 PPP 项目公众参与方面，我国尚没有专门的、有针对性的法律文件，在 PPP 项目决策、建设和运营移交阶段公众的参与度有限，无法充分体现公众的多方权益。因此，首先在 PPP 项目机制建立过程

中，政府应阐明整个 PPP 项目流程内容包括项目决策、项目管理和项目监督，在主体、方式和组织形式方面明确对公众参与的具体要求，规范公众参与机制，同时遵循政府新公共管理理念，在监管和组织等方面让公众逐步参与到 PPP 项目管理中来。其次健全的法律制度可以有效地提升公众参与 PPP 项目的热情，并保护公众的权利和利益。因此，PPP 项目的发展需要一套相对完善的法律规定作为基础，使双方的合作有章可循。

2. 设计合理的项目合同

PPP 项目已经运行了几十年，它强调长期健康的合作关系。如果不按合同的规定去做，会给项目整体利益带来很大的不确定性。

重视 PPP 项目合同的制定。在合同中详尽地明确与规定各方应承担的责任和义务，明确违约处置计划与风险应对策略，出现问题时严格执行合同，减少项目实施过程中的不确定性与随机性。法治建设和制度建设需要可以有效约束政府行为，促进政府方和社会资本方的平等沟通交流。在 PPP 项目的合同及相关协议中，应构建与合理设计灵活的定价机制，将流量、税率、内部收益率、价格指数、维护成本等指标纳入定价公式，以平衡项目的风险和收益。公众、企业与政府应共同参与定价。对需要补贴的 PPP 项目，要建立动态补贴调整制度。在综合考虑项目运营周期、运营成本、中长期财政承受能力、产品或服务价格等承受能力的基础上，确定财政补助金额，确保项目获得合理的投资回报。此外，合同还应该创立一个高效且简便的纠纷解决机制。

解决合同的灵活性和合理性有两种方法：一种是在制定合同时预留一定的灵活性。这主要基于两方面考虑，一方面要对未来民营企业的激励机制做出一定的调整和改变，另一方面要应对投资带来的不确定性风险。另一种是在项目的早期阶段尽可能多地做出生命周期规划。一般来说，政府机构需要邀请 PPP 项目经验丰富的社会咨询机构进行初步调查和分析，以保障各方参与者能够充分深入地了解项目需求，对项目成本预算也有更加全面的认知。

设计合理的合同期限。在实践中，应根据具体情况、支付机制、运营模式与风险分担方案选择合理的项目合作模式。其基本原则是项目合作期能够实现

VFM 的目标，同时给予项目公司有效激励。需要注意的是，现实情况中项目也存在提前完成的可能性。PPP 项目实施周期通常很长，为确保实施过程的灵活性，PPP 项目合同还会包括对项目合作期延长的相关条款。在具体谈判过程中，政府方和项目公司就合作期延长原因达成协议，达成这一协议的基本原则是：在法律许可范围内，如果项目公司在合作期间对不属于项目公司承担的风险所造成的损失，则项目公司有权提出延长项目合作期限的要求。

四、优化专家组选择机制

VFM 的定性评价由专家组打分。为了使评分客观化，专家必须坚持客观公正的立场。首先专家组的选择对定性评价是非常重要的，如果专家对项目有一定的兴趣，可能就没有客观公正的立场。目前，我国财政部和国家发展改革委已经建立了专门的 PPP 项目专家数据库，但大多数地方政府还没有建立专门的 PPP 项目专家数据库。许多定性评价专家往往是由咨询机构、实施机构与地方财政部门遴选出来的。原因之一是多数 PPP 项目均存在很强的公益性。其次是相关专家与 PPP 项目存在利益相关性。如果采用传统模式实施，可能会发生政府因财力不足从而导致该项目被推迟实施的情况。专家们作为项目受益群体，也会倾向于促成项目落地实施，这就导致了其评分存在一些主观因素。

五、在不同阶段优化风险分配以提高物有所值

通过分析国外具体实践情况发现，必须分阶段实施 VFM 评价，并且不同阶段所采用的评价方法和评价程序也需要有针对性和适应性。例如，在印度，明确规定在项目可行性研究和采购阶段都需要实施 VFM 评价。在爱尔兰，PPP 项目采购阶段规定需要完成四次 VFM 评价，包括对项目相关的产品和服务产出说明、社会资本方响应文件的审查以及合同的签订，合同完成后也可进行 VFM 测试。在财务结算之前，英国财政部正在实施 PFI（Private Finance Initiative），私人倡议融资作为一种 PPP 模式，需要分三个阶段进行 VFM 评价：项目组级、项目级和采购级。结合我国现行的项目审批机制，以及考虑基础资料的缺乏情况，建议

在项目可行性研究、政府与社会资本谈判、项目合同签订和项目实施四个阶段，优化项目风险分配，提高项目价值。

政府与社会资本谈判磋商阶段。为适应推进 PPP 采购模式的需要，实现 VFM 价值目标，我国财政部提出了"竞争性谈判"的创新性采购方式，增加了采购结果确认谈判这一环节，允许社会资本与政府在签订项目合同之前，对合同中可变细节进行确认性谈判，从而降低项目的社会总成本，提高项目的整体效率，提高 VFM 评价值。

项目合同签署阶段。在双方合作合同中，应明确双方的风险分担方案。同时，本书认为，现阶段还应明确项目工期前未发现的风险如何分调和整配。一方面是如何管理项目实施的不利风险；另一方面是如果项目实施存在有利风险，还应明确政府和社会资本之间的利益分配。为保证政府与社会资本的长期合作，不因未确认风险的发生而重新协商。为了保证项目的持续稳定，政府产生的支付义务远远超过了风险转移到社会资本的对价，使项目不再 VFM。

六、推进 PPP 项目 VFM 全生命周期管理

在项目整个生命周期内，为保证项目 VFM 评价不发生失位，需要对项目 VFM 相关因素进行动态跟踪和控制。这一控制应贯穿于项目识别、准备、采购和实施的各个阶段。

项目识别阶段。政府应初步识别项目的驱动因素，并根据驱动因素的结果，简要评价传统政府采购模式。为确保项目的初步可行性，要对项目不具备的驱动因素进行适当调整或补充。

项目准备阶段。在这一阶段，政府通常会邀请更加专业的第三方咨询机构对方案设计进行改进，优化 VFM 的驱动因素，控制高层次因素与关键因素，用来作为 PPP 模式是否可以在项目中被应用的决策基础，同时为之后社会资本采购阶段奠定基础。

项目采购阶段。政府关注社会资本的驱动因素，充分鼓励社会资本发挥主观能动性，采取竞争性采购模式。

项目实施阶段。由于 PPP 项目周期长，项目实施的驱动因素易被外部客观环境的变化所影响。同时应根据项目合同与项目特点，根据外部变化及时调整风险转移和定价，确保项目对社会资本具有相对稳定的盈利预期。

项目移交阶段。这一阶段是 PPP 项目全生命周期的最后环节，当 VFM<0 时，表示 PPP 项目失败；当 VFM>0 时，表示 PPP 项目成功。政府方应与社会资本方共同提高项目的绩效水平，并完成最终的资产交付。

现阶段，如果只在项目识别阶段和项目准备阶段进行 VFM 定性评价是不充分的。VFM 定性评价还应贯穿于采购、项目实施和项目最终移交等全生命周期阶段，在此基础上还需要对这一过程出具阶段性书面评价报告。报告具体内容包括但不限于：阶段目标分析、段性目标偏差分析、前阶段补救措施分析、待实施补救措施、下阶段指标情况预测、指标失分点分析。对于项目移交阶段，同时需要出具总结评价报告，以及书面评价 PPP 项目的整体绩效。通过一系列定期评价报告，能从整体管控项目运作，保障 PPP 项目各阶段都有可能实现 VFM。若发现存在偏差，应及时纠正，保障项目结果向既定目标推进。即使无法纠正，依旧可以及时止损。这是 VFM 定性评价作用提升的关键，这一操作可以使其由评价功能向发现问题、解决问题功能延伸。VFM 的全生命周期评价不应该单纯停留在政策层面，更要上升到理论层面，成为多方 PPP 从业者都应该时刻自觉遵守的行为准则。只有这样，才有可能更好地发挥 VFM 定性评价的作用，进而促进 PPP 项目良性发展。

第三节 VFM 定量评价的技术优化

一、建立完善的数据信息系统

在我国 VFM 评估过程中，需要创建更加全面的、具有适用性的、包含往期数据和包含多元行业具体情况的数据信息系统，只有这样才能进行更加准确和有效的定量分析。现阶段，最重要的是收集往期历史数据，补充现期数据和新项目数据，创建数据库。同时，考虑到我国不同地区的经济状况和市场环境各不相同甚至差异较大，因此数据库的建立应从地方层级和中央层级两方面考虑，并结合区域差异进行定量评价。

二、明确风险分配内容、落实风险承担机制

鉴于不同行业、不同地区风险分担存在无差异化现象，建议完善 PPP 项目风险分担顶层设计，尽快发布风险分担指引，或按行业编制 PPP 项目标准合同，充分考虑各行业和不同项目的个体特点和区域特点，避免 PPP 项目一般风险分担原则同时适用于所有项目的情况。明确风险承担主体，因为各承担主体在明确的风险分配机制下才会对理应承担的项目风险进行更加有效的承担。为进一步落实风险分配机制，可以明确约定双方在 PPP 项目合同中需要承担风险的情况、内容和种类，通过这一操作可以尽可能有效规避因风险分配不清造成的相互推诿或不公平承担风险的现象。

采用客观的风险定量方法。目前，风险量化有两种方法，分别是基于公式的风险分析和蒙特卡洛模拟分析。前者定量风险分析虽然简单易操作，但很难做到准确客观，这主要是评价者的主观判断能支配风险发生的强度与概率。评价行业应重点发展蒙特卡洛模拟方法，该方法不仅能模拟单个风险，而且能全面模拟所有共担风险或所有可转移风险、所有自留风险，并分别确定相应的数值。虽然蒙特卡洛模拟需要精确的概率分布信息，但随着 PPP 数据库的建立与完善，现有数据的局限性将被打破。

三、在定量评价后增加社会效益评价

PPP 项目的社会效益评价具有定量分析视角广、难度高、外部效益多、长期性与宏观性等行业特点。因此，PPP 项目的社会效益评价一般包括三个方面：政府绩效、公平性和社会影响评价。

在传统项目进行社会效益评价时，主要有层次分析法、逻辑框架分析法、矩阵分析与汇总法、利益集团分析法、比较分析法、定性和定量分析法。如图 6-3 所示。根据 PPP 模式，应将传统建设项目社会效益评价方法和层次分析法相结合。

一般传统项目社会效益评价方法

- 定量和定性分析法：主要用于社会效益评价的选择，评价指标主要有自然资源的综合利用、就业效果、单位投资占用耕地、改善基础设施状况、扶贫、脱贫指标、特许权协议的履行等

- 比较分析法：评价有无此项目所带来的社会效益的差异，也可评价是否采用PPP模式的差异

- 矩阵分析与汇总法：根据所选择的评价指标，由社会评价人员或专家给出每个影响的大小或程度值。其中定量指标可通过广泛的调研和准确的计算得到，相对来说容易确定；定性指标影响的程度则由专家来进行判断，给出评测值（如比较满意、满意、一般满意、不满意等）

- 逻辑框架分析法和利益集团分析法：确定影响产生的原因及受影响的群体，以判断在采取相应措施后项目社会效益的变化，同时根据所识别出的影响产生原因和受影响的群体，在项目的进行中可不断地采取纠正措施，使项目的社会效益能够保持甚至超过项目实施前的社会效益

- 层次分析法：主要用于确定各个指标影响的权重值，借鉴层次分析法来比较各指标的相对重要性，然后经过整理和计算，使定量和定性指标的影响能够在同一个框架下凸显出来，避免了对定性指标的复杂论证和艰难但不一定准确的定量化过程

图 6-3 一般传统项目社会效益评价方法

对于社会效益可量化的项目，可采用成本—效益分析法进行定量评价。政府的可接受范围可以依靠第三方评价机构对社会效益进行定量评价。在可接受的范围内，可以认定其通过了社会效益评价。

如果项目社会效益不可量化时，如何进行社会效益评价，赵国富和王守清（2007）对社会效益评价指标进行了探讨，提出政府项目与社会的相互适应性评价指标，本书尝试提出了层次分析法和矩阵分析法相结合的评价思路，步骤如下：

（1）依托第三方评价机构制定社会效益评价标准。如果社会效益评价得分

采用百分制，标准可设为大于 95 分，第三方评价机构可以根据项目产生的社会效益类型来制定具体评价标准。

（2）确定需要分析的指标。

（3）组成数据矩阵。

（4）确定对比分数。两者通过比较进行打分，分数为 1~9。

（5）计算权重。

（6）聘请专家对不同指标进行打分。

（7）根据权重与计算，最终得出社会效益评价得分。

（8）根据标准判断是否通过社会效益评价。

对不满足基本假设的项目进行 VFM 评价时，引入社会效益作为补充指标。在引入社会效益后，对 VFM 评价方法进行了改进：首先对 VFM 进行定性评价，其次进行定量评价，最后进行社会效益评价。其中，定性评价可用于非量化评价，定量评价可用于社会效益评价。对于不满足基本假设的 VFM 评价，具体操作步骤如图 6-4 所示。

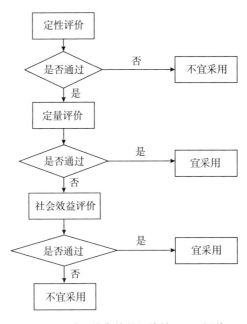

图 6-4　引入社会效益评价的 VFM 评价

四、加强 VFM 定量评价的影响因素研究

每个 PPP 项目的实施取决于其 VFM 是否得以实现。在实际操作中，政治、经济、技术等许多因素都会对项目的选择产生影响，尤其是政治选择偏好与政府价值取向带来的"评价悲观偏差"与"评价乐观偏差"的影响。这种偏好会影响并且确定社会的投资方和政府方在这一过程中是否存在合谋将利益向社会资本过度倾斜动机。在正常情况下，根据相似项目的历史数据进行必要的适用性调整，这些调整包括风险调整折现率、风险转移程度与生命周期成本。为了建立完善、明晰的定量评价标准，需要将项目自身盈利能力、利益分配方式和相关社会、经济和环境因素纳入考量，最后还应关注隐性收益与隐性成本对定量评价的影响。现行的评价体系基本上是一个静态的评价体系，缺乏情境分析与敏感性检验，无法判断政府是否存在串通、操纵社会资本或乐观偏差（低估折现率、高估现金净流量），偏差造成的损失主要由纳税人承担，政府更倾向于接受 PPP 加上合同监管成本、交易成本与额外融资成本（通常政府融资成本低于 PPP 模式）。相对而言，显性成本和效益更容易确定，而隐性成本的确定稍显困难，需要通过比较公共部门比较值和影子报价得出结论。然而，PPP 模式 VFM 评价作为 PPP 项目决策的主要依据之一，在实践中需要考虑多因素的影响。综上所述，进行 VFM 定量评价时需要将这些因素纳入考虑范围。

五、采用 CAPM 模型确定运营补贴支出折现率

1. 运营补贴支出折现率的确定方法

刘广生和文童（2013）指出，应从行业中选择既有规模又有风险的代表性项目，并通过 CAPM 模型确定葡萄牙 PPP 交通项目的折现率模型计算投资回报率，同时在将项目风险、融资成本等因素影响纳入考量的基础上，将其作为基准收益率确定了葡萄牙 PPP 交通项目的折现率。现实运用中，澳大利亚基于项目实际情况，立足于可搜集的成本效益综合数据，通过 CAPM 模型进行详细计算进而确定项目折现率；美国在计算折现率时也多使用 CAPM 模型。

由此可见，在很多国家中 PPP 值折现率的确定往往使用 CAPM 模型。CAPM 模型能够适应项目特殊性、项目规模与项目存在的不确定性，具有较强的可操作性。所以仍旧需要在这一基础上考虑项目贷款融资成本，然后通过加权平均予以调整。通过 CAPM 模型，用具有可比性的公司和市场作为基础，进而综合测算 PPP 值中运营补贴支出的折现率，具体思路如图 6-5 所示。

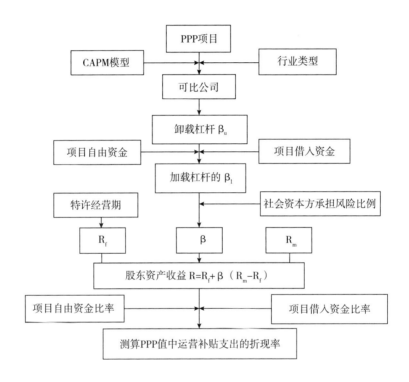

图 6-5　测算 PPP 值中运营补贴支出的折现率计算思路

2. 通过 CAPM 模型确定折现率的步骤

计算 PPP 值中运营补贴支出的折现率时以 CAPM 模型为中心，考虑各参数及影响因素。其中 CAPM 模型公式为：

$$R = R_f + \beta(R_m - R_f) \tag{6-5}$$

其中，R_f 为无风险报酬率，一般采用长期国债利率，由于 PPP 项目特许经营期在 25 年左右，应选用 10 年期国债到期收益率；R_m 为市场平均收益率；(R_m-R_f) 为市场风险溢价。

由于金融市场上成立的公司不是 PPP 项目，因此采用 PPP 项目同行业可比公司 β 值的平均值，经适当调整后得到 PPP 项目的 β 值。通过 Excel 斜率回归得到各可比公司的 β 值，可以分别计算可比公司的公司收入和行业市场收入。各参数计算过程如下：

$$R_i = \frac{P_{i,j}-P_{i,j-1}+D_j}{P_{i,j-1}} \tag{6-6}$$

其中，R_i 为第 j 期股票 i 的收益率；$P_{i,j}$ 为股票 i 在第 j 期的价格；$P_{i,j-1}$ 为股票 i 在第 j-1 期的价格；D_j 为股票 i 在第 j 期的股息。

（1）市场收益率的计算。采用 2012～2016 年沪深 300 指数计算各期市场收益率。计算公式如下：

$$R_m = \frac{I_j-I_{j-1}}{I_{j-1}} \tag{6-7}$$

其中，I_j 为第 j 期市场指数；I_{j-1} 为第 j-1 期市场指数。

（2）PPP 项目 β 值的计算。计算如下：

$$\beta_1 = \beta_\mu \times \left[1+(1-t) \times \frac{D}{E} \right] \tag{6-8}$$

其中，β_1 为财务杠杆 β 系数；β_μ 为财务杠杆系数；t 为所得税税率；D 为债务资本；E 为权益资本。对 β_1 系数进行风险调整，调整后得到 PPP 项目 β 系数 $= R_s \times \beta_1$。

（3）测算 PPP 值中运营补贴支出的折现率计算。通过计算，利用模型得到收益率 R_g。考虑债务成本，用加权法得出折现率，即 $R = R_g \times$ 自有资金比率$+R_d \times$ 借入资金比率$\times (1-t)$。其中，R_d 为借入资金成本；t 为所得税税率。

六、采用净现值法对 VFM 定量评价方法的改进与优化

（一）改进方法及思路

净现值法（NPV）是一种经典的项目价值评价方法。该方法的实质是根据确定的资本成本率对收益、成本等现金流折现。它计算现金流，而且考虑资金时间价值。基于净现值计算的 PPP 项目 VFM 评价计算公式如下：

$$VFM = N_t = \sum_{0\sim\infty} P_t \times (1 + r)t - N_t = \sum_{0\sim\infty} C_t \times (1 + r)t \qquad (6-9)$$

其中，VFM 为 PPP 项目物有所值；N 为 PPP 项目的实施周期；P_t 为 PPP 模式下 t 年项目现金净流量；C_t 为传统政府投资模式下 t 年项目现金净流量；r 为项目无风险资本成本率。对不同模式下的现金净流量与资本成本率进行调整，并对价值计算模型进行改进和优化。

1. 资本成本率计算的改进方法

资本成本率的改进思路是，根据影响资本成本率的风险因素，可以计算出资本价值。一般来说，把成本分为风险成本率与无风险成本率，则能反映 PPP 项目的风险水平。

按此思路，得到计算公式：R = r+b·f

其中，r 为无风险资本成本率；b 为风险系数；f 为风险程度；R 为风险调整资本成本率。根据市场风险水平与项目本身的风险水平，采用调整后的资本成本率计算项目的 VFM 值，符合实际情况与逻辑。

2. 现金净流量计算的改进方法

对现金净流量计算进行优化，得到优化后的 VFM 计算公式：

$$VFM = Nt = \sum_{0\sim\infty} a_t P_t (1 + r)t - N_t = \sum_{0\sim\infty} m_t C_t (1 + r)t \qquad (6-10)$$

其中，a_t 为 PPP 模式第 t 年项目现金净流量的调整系数，在 0~1 内取值；m_t 为政府传统投资模式第 t 年项目现金净流量的调整系数，在 0~1 内取值；r 为无风险的折现率；C_t 为政府传统投资模式第 t 年项目现金净流量期望值；P_t 为 PPP 模式第 t 年项目现金净流量期望值。

选择现金净流量风险调整系数的方法很多。一般来说，具有风险厌恶的投资评价者会选择较低的调整系数。当项目现金净流量稳定时，调整系数为 1。应当根据各年度现金净流量标准离差率确定调整系数，以避免因风险偏好不同而产生误差（见表 6-4）。

有一种可行的方法是根据项目现金净流量的标准离差率确定风险系数。

表 6-4　现金净流量风险调整系数与标准离差率的关系对照

现金净流量调整系数	现金净流量标准离差率
1	0.01~0.07
0.9	0.08~0.15
0.8	0.16~0.23
0.7	0.24~0.32
0.6	0.33~0.42
0.5	0.43~0.54
0.4	0.55~0.70

（二）PPP 项目物有所值净现值修正模型的构建

考虑成本风险和流量风险，分别分析了资本成本率和现金净流量的改进和优化方法。结合这两种方法，可以得到适合 PPP 项目 VFM 评价的净现值修正模型。

其公式表达为：

$$VFM = N_t = \sum_{0-\infty} a_t P_t (1 + R) t - N_t = \sum_{0-\infty} m_t C_t (1 + R)_t R = r + b \cdot f \qquad (6-11)$$

其中，VFM 为 PPP 项目物有所值；N 为投资项目的生命周期；P_t 为 PPP 模式下的项目第 t 年现金净流量期望值；C_t 为政府传统投资模式下的项目第 t 年现金净流量期望值；R 为调整后的资本成本率；a_t 为 PPP 模式下第 t 年现金净流量调整系数，在 0~1 内取值；m_t 为政府传统投资模式下第 t 年现金净流量调整系数，在 0~1 内取值；r 为无风险资本成本率；b 为风险系数；f 为项目风险程度。

根据净现值修正模型，PPP 项目的 VFM 评价应遵循以下步骤：

（1）对 PPP 项目的风险进行了分析和识别。资本成本率风险包括汇率波动风险、资金利率波动风险、通货膨胀风险等。

（2）得出无风险资本成本率 r。一般可采用一年期国债利率确定无风险资本成本率 r，根据资金成本率风险的影响程度，确定 PPP 项目的风险系数 b 与风险程度 f。调整后的资本成本率采用公式 R＝r+b·f 计算。

根据现金净流量风险的影响程度，分别计算传统政府投资模式与 PPP 模式下类似项目的现金净流量预期值。现金净流量的风险调整系数 a_t 和 m_t 由标准离差率对照表确定。

根据 PPP 物有所值模型计算项目的物有所值 VFM，并根据计算结果进行决策。基于资本成本率改进法和现金净流量调整法相结合的 VFM 计算模型，在应用中改进，特别是资本成本率和现金净流量调整系数的确定方法需要不断思索与探究。

第四节　VFM 评价具体优化案例

一、ZQ 市某非经营性道路 PPP 项目 VFM 评价

该项目为公铁桥梁，为非经营性项目（无收费功能）。具体 PPP 操作模式为 DBFOT 模式，公开招标，合作经营期为 20 年。

（一）PPP 值的计算

第一部分为股权投资。因为项目不存在收费性质，收费方式则是由政府买单，那么政府过多持股存在一定不合理性。因此，在非经营性道路 PPP 项目中，政府持有 10%~30% 的股份是合适的。政府的持股支出按实际出资的时间和金额折现至建设年初。在这种情况下，政府投资总额为 1.31 亿元，分为 4 年。年投资额为 2620 万元、2620 万元、5240 万元、2620 万元。折现至建设年初，其现值（折现率 8%）为 1.07 亿元。

第二部分是项目的运营补贴支出。运营补贴支出可分为经营性补贴、准经营性补贴和非经营性补贴。对于准经营性项目，当用户支付不能满足必要的社会资本投资回报时，政府需弥补其缺口。可用性付费是指项目建设完成并达到一定的

可用性指标后，政府在运营期间向社会资本支付的费用。

社会资本（IRR）的数学表达式为：

$$FNPV(IRR) = \sum_{t=0}^{n} (CI - CO)_t \times (1 + IRR)^{-t} = 0 \qquad (6-12)$$

式（6-12）中，FNPV（IRR）是以内部收益率为折现率的净现值；CI 是项目全生命周期内的现金流入量；CO 是项目全生命周期内的现金流出量；（CI-CO）$_t$ 是第 t 年的现金净流量；n 为特许经营期，包括建设期和运营期。

社会资本的 IRR 按照表 6-5 中的价格调整机制进行控制。

表6-5　价格调整机制

实际通行量（L）	影子通行费（Y）
$0 \leqslant L_1 \leqslant T_1$	$T_1 \times P - X_1 \times (T_1 - L_1)$
$T_1 \leqslant L_2 \leqslant T_2$	$L_2 \times P$
$T_2 \leqslant L_3 \leqslant T_3$	$T_3 \times P - X_2 \times (L_3 - T_2)$
$T_3 \leqslant L_4$	$T_3 \times P - X_3 \times (L_4 - T_3)$

其中，P 为设置的招标影子价格；T_1 为影子通行费率为 P，IRR＝6%时的车流量；T_2 为影子通行费率为 P，IRR＝10%时的车流量；T_3 为影子通行费率为 P，IRR＝12%时的车流量；X_1 为 IRR 低于6%时的调整系数；X_2 为 IRR 高于10%时的调整系数；X_3 为 IRR 高于12%时的调整系数。

在 PPP 项目中，一要满足一定的内部收益率，避免当内部收益率设置过低时，适当的社会资本难以进入项目；二要防止内部收益率过高，社会资本的内部收益率可以控制在6%～12%。

第三部分是政府保留的项目风险价值。项目前期风险识别难度大。因此，在案例中，经过专家评审，可以做出合理的估算。在这种情况下，政府承担的风险小、损失小，所以取总投资的1.5%折现为4.4亿元。

第四部分为项目的配套投入。在这种情况下，政府没有为该项目支付额外投资，因此这部分价值为零。

（二）PSC 值的计算

PSC 值为成本净现值。在本案例中，可以根据以前的相似项目参照，以获得 PSC 值。

C_1：参照工程造价 32.78 亿元，分三年投资。折现值 28.38 亿元，运营成本 1200 万元/年，持续 20 年。折价 9500 万元。C_1 总折现值 29.33 亿元。

C_2：本项目竞争中性调整值为 PPP 模式下政府支付较多的营业税金及附加、企业所得税及相应的手续费。其中，营业税金及附加 1.08 亿元，企业所得税 1.75 亿元。C_2 总折现值为 2.83 亿元。

C_3：采用比例法计算风险成本，按运营期内项目建设总成本与运营成本的比例确定风险承担支出（经专家合理评价）。折价 5.53 亿元。公式为：$PSC = C_1 + C_2 + C_3 = 29.33 + 2.83 + 5.53 = 3769$（亿元）。

（三）VFM 值的计算

VFM 值为 PPP 值与 PSC 值之间的差，同时，合理控制社会资本投资收益率。一是要提供合理的车流，保证社会资本流失过大；二是为了避免过多的交通流量，给社会资本带来巨额利润。通过物有所值评价，实现了应用 PPP 项目的效果。

（四）问题与建议

在对 PPP 项目进行 VFM 评价时，应注意以下问题：

1. 合理分配项目风险

政府不能对项目进行兜底，要识别项目的风险。在 VFM 的定性阶段，物有所值衡量风险的合理分配指标是十分必要的。

2. 增加项目产出功能的比较

假设 PPP 模式和传统产出是相同的，对两者进行比较。低成本被认为更有价值。

3. 绩效评价

对于非经营性项目，由于缺乏用户缴费的基础，社会资本的投资回报往往直接来自政府。这与 PPP 模式的初衷背道而驰，造成了社会资本、政府和公众都受损的局面，而不是共赢的局面。

4. 解决财政困难

对于一个物有所值的项目，不仅要从经济角度考虑，更要注重项目的社会效益。从项目的紧迫性与不可替代性来考虑项目的社会效益。此类项目往往具有公共性与紧迫性的特点。

5. 能否引入有效的社会资本

PPP 项目大多由政府投资建设。政府应能通过有效手段筛选出合适的社会资本，降低 PPP 项目运营期的运营费用，控制运营成本。

6. 考虑政府机构的能力

在 PPP 项目中，只有政府熟悉 PPP 模式，才能更容易操作项目；只有政府了解项目的财务知识，才能更清晰地与社会资本谈判。如果政府缺乏这些方面的知识，就应该聘请第三方来掌握项目的整体情况。

7. 建立 PSC 值数据库

货币价值定量分析的难点在于 PSC 价值的确定。建议各行业主管部门根据行业特点、现状及问题，制定各自的 PSC 值。

二、基于价值工程的 PPP 项目 VFM 评价体系案例分析

（一）项目基本情况

1. 项目名称

2017 年度 B 市道路及地下综合管廊工程（第四章第 1 个案例）。

2. 建设地点

本项目建设地点位于 BZ 市城区。

3. VFM 评价结论

根据政策，通过数据处理分析，本书认为 VFM 评价的结果均为"通过"，理由如下：

定性评价最终得分为 90.93。即本项目 PPP 模式优于传统模式，可以达到优化风险分配、提高运营效率、增加供给的目的，促进公平竞争与创新。

项目 VFM 评价值为 8195.57 万元，指标值为 27.57%。结果表明，PPP 模式可节约 8195.57 万元。

（二）基于价值工程的计算

（1）PPP 项目功能评价。根据咨询专家在 0~4 评分法中的评分，计算各功能因子的权重，如表 6-6 所示。

表 6-6　功能因子权重

功能	经济功能	社会功能	得分	功能权重
经济功能	×	3	3	0.75
社会功能	1	×	1	0.25
合计	1	3	4	1.00

评价社会因素与经济因素功能值常常以功能货币价值的形式计算。本案例着眼于政府决策的视角，采用传统模式建设地下综合管廊。项目全生命周期的收入主要包括运营维护费（用户付费）、入廊费与社会效益。项目全生命周期的收入主要包括运营维护成本（用户付费）和社会效益。

综上所述，方案功能系数计算如表 6-7 和表 6-8 所示。

表 6-7　加权前功能系数计算

方案	经济功能	经济系数	社会功能	社会系数
传统模式	28410.17	0.519	1580.00	0.500
PPP 模式	26285.67	0.481	1580.00	0.500
合计	54695.84	1.000	3160.00	1.000

表 6-8　加权后方案总功能系数计算

方案	经济系数	权重	经济功能系数	社会系数	权重	社会功能系数	总功能系数
传统模式	0.519	0.750	0.389	0.500	0.250	0.125	0.514
PPP 模式	0.481	0.750	0.361	0.500	0.250	0.125	0.486

（2）PPP 项目成本评价。地下综合管廊工程造价价值常常以功能货币价值的形式计算。从政府决策的角度出发，采用传统模式建设地下综合管廊工程。项目全生命周期成本主要包括固定资产投资、运营成本与利息。地下综合管廊工程全生命周期成本主要包括运营成本与财政补贴成本系数计算，如表6-9 所示。

表6-9　成本系数计算

方案	成本（万元）	成本系数
传统模式	29465.70	0.535
PPP 模式	25627.00	0.465
合计	55092.70	1.000

（3）方案价值系数确定及结果分析。根据项目方案的成本系数与功能系数，采用传统模式与 PPP 模式计算项目方案的价值系数，如表6-10 所示。

表6-10　价值系数计算

方案	功能系数	成本系数	价值系数	最优方案
传统模式	0.514	0.535	0.961	PPP 模式
PPP 模式	0.486	0.465	1.045	

根据方案的价值系数，PPP 模式能更好地控制目标成本，满足社会需求，提高投资的经济效益，充分发挥创新。通过价值工程评价，项目适合采取 PPP 模式。

同时可以得出传统模式的价值系数小于1，即采用传统模式的项目总功能价值小于总成本价值，无法实现效益—成本最优化，资源配置浪费。因此，建设应采用 PPP 模式。

（三）基于价值工程的 PPP 项目 VFM 评价

1. 基于价值工程 PPP 项目 VFM 评价体系的构成：

$$F = \begin{cases} \sum 定性_i > 60 \\ PSC - PPP > 0 \\ V_{PPP} > V_{PSC}, 且 V_{PPP} > 1 \end{cases} \tag{6-13}$$

由上述计算结果以及评价体系可知：

（1）∑定性 PPP = 90.93>60，表示 PPP 方案定性评价总分大于 60，PPP 模式方案通过当前 VFM 定性评价；

（2）PSC-PPP = 29726.32－21530.75 = 8195.57>0，即在项目整个生命周期内，传统政府支出模式的总成本现值大于 PPP 模式，PPP 模式方案通过现行 VFM 定量评价；

（3）V_{PPP} = 1.045>V_{PSC} = 0.961 且 V_{PPP} = 1.045>1，即 PPP 模式的价值系数大于传统模式，采用 PPP 模式的项目功能价值大于成本价值，PPP 模式方案通过了价值工程的定量评价。

综上，评价结果同时满足上述三个测算即∑定性 PPP>60，PSC-PPP>0，V_{PPP}>V_{PSC} 且 V_{PPP}>1，项目 PPP 模式方案通过基于价值工程 PPP 项目 VFM 评价，项目适合采用 PPP 模式。

2. 评价结果对比分析

采用现行的 PPP 项目 VFM 评价体系进行 VFM 评价，认为通过项目 VFM 评价；基于价值工程的 PPP 项目 VFM 评价体系进行评价，也认为通过了项目 VFM 评价。两种评价方法的评价结果一致，均认为 PPP 模式适合本项目。同时，实践证明，该项目社会资本的管理模式与先进技术所产生的价值优于传统的建设模式。

参考文献

［1］Andrew Coulson. Value for Money in PFI Proposals：A Commentary on the UK Treasury Guidelines for Public Sector Comparators ［J］. Public Administration, 2008（2）：483-498.

［2］Atmo G, Duffield C. Improving Investment Sustainability for PPP Power Projects in Emergingeconomies：Value for Money Framework ［Z］. 2014.

［3］Cruz C O, Marques R C. Theoretical Considerations on Quantitative PPP Viability Analysis ［J］. Journal of Management in Engineering, 2014（30）：122-126.

［4］C Heckscher. The Post-Bureaucratic Organisation：New Perspectives on Organisationlnge ［M］. London：Sage Publishing, 1994.

［5］Darrin Grimsey, Mervyn K Lewis. Are Public Private Partnerships Value for Money? Evaluating Alternative Approaches and Comparing Academic and Pratitioner Views ［J］. Accouting Forum, 2005（29）：345-378.

［6］Esther Cheung, et al. Enhancing Value for Money in Public Private Partnership Projects：Findings from a Survey Conducted in Hong Kong and Australia Compared to Findings from Previous Research in the UK ［J］. Journal of Financial Management of Proper Tyand Construction, 2016, 14（1）：7-20.

［7］Guasch J L. Granting and Renegotiating Infrastructure Concessions：Doing it Right ［R］. The World Bank, 2004.

［8］ Hwang C L, Lin M J. Group Decision Making under Multiple Criteria, Methods and Applications ［M］. New York: Springer-Verlay, 1987.

［9］ Ismail K, Takim R, Nawawi A H, Egbu C. Public Sector Comparator (PSC): A Value for Money (VFM) Assessment Instrument for Public Private Partnership (PPP) ［C］. CIB TG72-Public Private Partnership, 2010.

［10］ Ismail K, Takim R, Nawawi A H, Jaafar A. The Malaysian Private Finance Initiative and Value for Money ［J］. Asian Social Science, 2009, 5 (3): 103-111.

［11］ Ismail S. Drivers of Value for Money Public Private Partnership Projects in Malaysia ［J］. Asian Review of Accounting, 2013, 21 (3): 241-256.

［12］ Khadaroo I. The Actual Evaluation of School PFI Bids for Value for Money in the UK Public Sector ［J］. Critical Perspectives on Accounting, 2008, 19 (8): 1321-1345.

［13］ Lam K C, Wang D, Lee P T K, et al. Modelling Risk Allocation Decision in Construction Contracts ［J］. International Journal of Project Management, 2007, 25 (5): 485-493.

［14］ Medda F. A Game Theory Approach for the Allocation of Risks in Transport Public Private Partnerships ［J］. International Journal of Project Management, 2007, 25 (3): 213-218.

［15］ Michael Barzelay. Breaking through Bureaucracy: A New Vision for Management in Government ［M］. Berkeley: University of California Press, 1992.

［16］ Nisar T M. Value for Money Drivers in Public Private Partnership Schemes ［J］. International Journal of Public Sector Management, 2007, 20 (2): 147-156.

［17］ Paul A Samuelson. The Pure Theory of Public Expenditure ［J］. The Review of Economics and Statistics, 1999, 36 (8): 326.

［18］ Rosenau, James N. Governance without Government ［M］. Cambridge: Cambridge University Press, 1992.

［19］Treasury H M. Value for Money Assessment Guidance ［R］. Department of Health，2004.

［20］Visconti R M. Improving Value for Money in Italian Project Finance ［J］. Managerial Finance，2014，40（11）：1058.

［21］Yuan J，Zeng A Y，Skibniewski M J，et al. Selection of Performance Objectives and Key Performance Indicators in Public－private Partnership Projects to Achieve Value for Money ［J］. Construction Management and Economics，2009，27（3）：253-270.

［22］Zhen Hu，Shu Chen，Xueqing Zhang. Value for Money and its Influential Project and Assess Factors：An Empirical Study of PPP Projects in Japan ［J］. Built Environment Management，2014（42）：166-179.

［23］白武钰，吴莉. 资产评价机构 PPP 项目物有所值评价业务现状分析 ［J］. 时代金融，2019（6）：150-151.

［24］财政部政府和社会资本合作中心. PPP 物有所值研究 ［M］. 北京：中国商务出版社，2014.

［25］曹富国. 物有所值理论的内涵与发展 ［J］. 中国政府采购，2016（7）：34-36.

［26］陈伯明. 市政道路项目采用 PPP 模式适宜性分析 ［J］. 现代商贸工业，2019，40（16）：117-118.

［27］陈海涛，徐永顺，迟铭. PPP 项目中风险再分担对私人部门行为的影响——公平感知的多重中介作用 ［J］. 管理评论，2021，33（8）：53-65.

［28］陈晶琳. 城市地下综合管廊 PPP 项目物有所值评价优化研究 ［J］. 建筑经济，2019，40（2）：40-45.

［29］陈然然，丰景春，薛松. 基于 VFM 的污水处理项目 PPP 模式适用性研究 ［J］. 中国农村水利水电，2017（1）：49-53+57.

［30］陈思阳，王明吉. PPP 项目"物有所值"评价（VFM）体系研究 ［J］. 财政科学，2016（8）：65-71.

[31] 崔彩云，李会联，柳锋. 基础设施 PPP 项目全寿命周期 VFM 评价程序研究 [J]. 价值工程，2017，36（5）：240-243.

[32] 邓玲，王林. PPP 模式的物有所值评价研究——以某非经营性道路 PPP 项目为例 [J]. 项目管理技术，2017，15（2）：34-39

[33] 董纪昌. 物有所值定量评价方法及改进方向 [J]. 中国政府采购，2016（7）：36-37.

[34] 杜静，吴洪樾. 轨道交通 PPP 项目物有所值（VFM）定性评价研究——以北京地铁四号线为例 [J]. 项目管理技术，2016，14（10）：19-25.

[35] 冯玉军. 合同法的交易成本分析 [J]. 中国人民大学学报，2001（5）：100-105.

[36] 冯媛媛，戴维旺. PPP 项目运营补贴支出计算公式的探究 [J]. 北方经贸，2019（6）：71-74.

[37] 高华，侯晓轩. PPP 物有所值评价中折现率的选择——基于 STPR 法与 CAPM 模型 [J]. 财会月刊，2018（8）：107-112.

[38] 高会芹，刘运国，亓霞，傅鸿源. 基于 PPP 模式国际实践的 VFM 评价方法研究——以英国、德国、新加坡为例 [J]. 项目管理技术，2011，9（3）：18-21.

[39] 高新育. PPP 项目物有所值评价理论与应用研究 [D]. 青岛：青岛理工大学，2016.

[40] 郭华伦. 基础设施建设 PPP 运行模式选择研究 [D]. 武汉：武汉理工大学，2008.

[41] 郝德强. 基于净现值修正模型的 PPP 项目物有所值评价 [J]. 会计之友，2018（15）：90-93.

[42] 胡蛇庆，林琳，章薇. PPP 项目决策中运用物有所值评价方法的国际经验及启示 [J]. 金融纵横，2017（8）：83-88.

[43] 胡有志. 市政道路 PPP 项目的物有所值定量评价研究 [D]. 上海：上海外国语大学，2017.

[44] 黄伟，李文新.PPP 模式在地方政府债务治理中的应用及优化研究 [J].中国集体经济，2019（16）：67-68.

[45] 黄小勇.新公共管理理论及其借鉴意义 [J].中共中央党校学报，2004（3）：62-65.

[46] 纪鑫华.优化项目风险分配，实现 PPP"物有所值"[J].中国财政，2015（16）：33-35.

[47] 贾宏俊，张树懿.物有所值评价法在 PPP 模式中的应用研究——基于文献综述的视角 [J].建筑经济，2019，40（2）：46-50.

[48] 贾康，孙洁.公私合作伙伴机制：新型城镇化投融资的模式创新 [J].中共中央党校学报，2014，18（1）：64-71.

[49] 简迎辉，包敏.PPP 模式内涵及其选择影响因素研究 [J].项目管理技术，2014，12（12）：24-28.

[50] 江春霞.公共部门视角下高速公路 PPP 项目前期决策研究 [D].西安：长安大学，2017.

[51] 姜爱华.政府采购"物有所值"制度目标的含义及实现——基于理论与实践的考察 [J].财政研究，2014（8）：72-74.

[52] 姜宏青，徐晶.PPP 项目物有所值定性评价国际经验及启示 [J].地方财政研究，2018（6）：105-112.

[53] 姜瑶瑶.PPP 项目物有所值评价研究 [D].青岛：青岛大学，2018.

[54] 姜影，王茜，崔兴硕.基础设施 PPP 项目治理：契约治理、关系治理和正式制度环境 [J].公共行政评论，2021，14（5）：41-60+197.

[55] 蒋曼蒂，徐安菲，李碧琳，等.绩效审计下的 PPP 项目 VFM 未实现风险防控 [J].中小企业管理与科技（中旬刊），2018（10）：83-85.

[56] 柯永建，王守清，陈炳泉.基础设施 PPP 项目的风险分担 [J].建筑经济，2008（4）：31-35.

[57] 郎兆银.PPP 项目物有所值评价研究及应用——以 BZ 市地下综合管廊 PPP 项目为例 [D].青岛：青岛理工大学，2017

［58］黎佩玲.PPP 物有所值定性评价体系构建研究［D］.广州：广东工业大学，2017.

［59］李博泰.PPP 项目投资混合决策建模与优化研究［J］.国际经济合作，2020（3）：111-126.

［60］李佳嵘，王守清.我国 PPP 项目前期决策体系的改进和完善［J］.项目管理技术，2011，9（5）：18-22.

［61］李坤，李璐霞，杨震，王昊.轨道交通 PPP 项目物有所值定性评价研究与改进［J］.项目管理技术，2018，16（10）：40-43.

［62］李利军，冯媛媛.基于直觉模糊理论的 PPP 物有所值定性评价研究［J］.中国工程咨询，2019（7）：54-60.

［63］李文霞，沙海鹏.赫茨伯格双因素激励理论的贡献与运用［J］.商场现代化，2007（23）：306-307.

［64］李小净.PPP 模式物有所值评价改进研究——以某 PPP 工程为例［D］.南宁：广西大学，2018.

［65］李修莹.我国 PPP 项目物有所值评价研究文献综述［J］.中国中小企业，2019（7）：171-172.

［66］李雪灵，王尧.PPP 模式下地方政府隐性债务风险防范研究［J］.求是学刊，2021，48（5）：67-74

［67］李颖.工程项目风险管理理论在 AAA 工程项目中的应用分析［D］.成都：西南交通大学，2011.

［68］梁玲霞，韩芳，周芳欣，张婧.PPP 项目物有所值评价的国内外比较［J］.土木工程与管理学报，2018，35（4）：182-188.

［69］梁晴雪，胡昊.基础设施 PPP 项目物有所值评价应用挑战及对策［J］.当代经济管理，2018，40（6）：54-59.

［70］刘广生，文童.PPP 项目资金价值 PSC 评价法的改进探讨［J］.工业技术经济，2013，32（10）：17-22.

［71］刘红忠，柯蕴含.地方政府隐性债务、规范举债工作目标与 PPP 项目

推行 [J]. 复旦大学学报（社会科学版），2021，63（4）：165-174.

[72] 刘磊，李修莹.PPP 项目物有所值评价现状、问题与优化建议 [J]. 现代商贸工业，2019，40（19）：109-110.

[73] 刘穷志.PPP 模式稳增长的三个着力点 [N]. 中国社会科学报，2016-01-13（4）.

[74] 刘秋常，齐建云，李慧敏.基于模糊综合评价法的城市水生态 PPP 项目评价 [J]. 人民长江，2018，49（1）：90-94.

[75] 刘婷，王守清，盛和太，胡一石.PPP 项目资本结构选择的国际经验研究 [J]. 建筑经济，2014，35（11）：11-14.

[76] 刘薇.PPP 模式理论阐释及其现实例证 [J]. 改革，2015（1）：78-89.

[77] 刘文忠.基于 PPP 模式下的城市污水处理研究 [J]. 品牌（下半月），2015（10）：76+78.

[78] 刘晓凯，张明.全球视角下的 PPP：内涵、模式、实践与问题 [J]. 国际经济评论，2015（4）：53-67.

[79] 刘彦.BOT 项目全过程绩效影响因素体系研究 [D]. 大连：大连理工大学，2013.

[80] 刘勇，肖翯，许叶林.基础设施 PPP 项目评价与立项决策的再思考——基于 PPP 模式的国际实践经验 [J]. 科技管理研究，2015，35（8）：185-190.

[81] 娄洁.污水处理企业 PPP 项目物有所值（VFM）评价研究 [J]. 中国总会计师，2018（5）：118-119.

[82] 罗涛，李晓鹏，汪伦焰，郭磊.城市水生态 PPP 项目物有所值定性评价研究 [J]. 人民黄河，2017，39（1）：87-91.

[83] 罗媛媛.污水处理厂 PPP 项目物有所值（VFM）定量评价研究 [D]. 成都：西南交通大学，2017.

[84] 马桑，邓崧.公共信息服务类 PPP 项目 VFM 评价方法优化研究

［J］. 电子政务，2018（10）：115-121.

　　［85］马世骁，石小玉，席秋红.PPP 模式下综合管廊项目 VFM 评价分析——以 C 市综合管廊项目为例［J］. 沈阳建筑大学学报（社会科学版），2018，20（3）：262-267.

　　［86］马垚垚，王明吉.PPP 物有所值定性评价应用及优化路径［J］. 知识经济，2018（18）：41-43.

　　［87］孟宪海.关键绩效指标 KPI——国际最新的工程项目绩效评价体系［J］. 建筑经济，2007（2）：50-52.

　　［88］缪红波.浙江省开发区管理体制发展和完善研究［D］. 上海：上海交通大学，2009.

　　［89］彭素.PPP 模式物有所值评价研究［D］. 长沙：中南林业科技大学，2017.

　　［90］彭为，陈建国，穆诗煜，等.公私合作项目物有所值评价比较与分析［J］. 软科学，2014，28（5）：28-32.

　　［91］钱瑞盈，石磊.基于交易成本理论的 PPP 项目再谈判影响因素分析［J］. 项目管理技术，2018，16（6）：20-25.

　　［92］汝华琴.浅析"马斯洛需求层次理论"对员工的激励［J］. 才智，2009（3）：98.

　　［93］桑培东，张鹏.海绵城市项目应用 PPP 模式的 VFM 评价［J］. 工程管理学报，2017（6）：1-4.

　　［94］邵颖红，朱堃源，韦方.PPP 模式中民营企业合作意愿的影响研究：基于机会主义感知和合作风险感知的链式中介模型［J］. 管理工程学报，2021，35（6）：140-149.

　　［95］申玉玉，杜静.公共项目采用私人主动融资模式的资金价值分析［J］. 建筑管理现代化，2008（3）：53-55.

　　［96］申玉玉.PPP/PFI 模式的资金价值（VFM）评价方法研究［D］. 南京：东南大学，2009.

［97］施军，张敦力.PPP 项目物有所值评价——以××市××大桥为例［J］.财会通讯，2017（32）：53-55.

［98］史富文.PPP 项目物有所值定性评价指标体系研究［J］.项目管理技术，2018，16（7）：53-57.

［99］司彤.我国 PPP 项目物有所值定量评价研究——引入实物期权的 PPP 项目评价［D］.北京：中国财政科学研究院，2016.

［100］苏汝劼，胡富捷.基础设施 PPP 项目定量 VFM 评价方法研究——以北京地铁四号线为例［J］.宏观经济研究，2017（5）：74-79+133.

［101］孙慧，申宽宽，范志清.基于 SEM 方法的 PPP 项目绩效影响因素分析［J］.天津大学学报（社会科学版），2012，14（6）：513-519.

［102］孙慧，周颖，范志清.PPP 项目评价中物有所值理论及其在国际上的应用［J］.国际经济合作，2009（11）：70-74.

［103］孙晓丽.基于风险分担的 BOT 污水处理项目 VFM 评价分析［D］.大连：大连理工大学，2013.

［104］泰勒.科学管理原理［M］.北京：中国社会科学出版社，1984.

［105］王灏.PPP 的定义和分类研究［J］.都市快轨交通，2004（5）：23-27.

［106］王洪涛.威廉姆森交易费用理论述评［J］.经济经纬，2004（4）：11-14.

［107］王建波，杨迪瀛，有维宝，等.城市地下综合管廊 PPP 项目 VFM 定量评价研究［J］.工程经济，2019，29（2）：32-35.

［108］王琨，秦学志，宋宇.基于交通量风险的 PPP 交通项目再融资产品设计［J］.中国管理科学，2021，29（7）：13-22.

［109］王雷鸣.物有所值评价定量分析刍议［J］.机电信息，2017（S1）：18-24.

［110］王守清.杂谈 PPP 物有所值评价［J］.新理财（政府理财），2015（12）：38-39.

[111] 王亦虹，田平野，邓斌超，戎娜娜.基于修正区间模糊 Shapley 值的"一带一路" PPP 项目利益分配模型 [J].运筹与管理，2021，30 （5）：168-175.

[112] 王盈盈，冯坷，尹晋，王守清.物有所值评价模型的构建及应用——以城市轨道交通 PPP 项目为例 [J].项目管理技术，2015，13 （8）：21-27.

[113] 王盈盈，甘甜，王欢明.多主体视阈下的 PPP 项目运作逻辑——基于基础设施和公共服务项目的多案例研究 [J].公共行政评论，2021，14 （5）：3-22+196.

[114] 吴洪樾，袁竞峰，杜静.国际 PPP 项目物有所值定性评价及对我国的启示 [J].建筑经济，2017 （3）：38-42.

[115] 吴槐庆，赵全新.政府与社会资本合作（PPP）模式下公共产品服务定价机制研究 [J].价格理论与实践，2016 （11）：52-57.

[116] 吴晶晶，高山，陈昭蓉，等.基于物有所值评价的公立医院 PPP 模式改革效果研究——以徐州市第三人民医院为例 [J].中国医院管理，2017，37 （9）：28-30.

[117] 吴炯璨，方俊，秦淑莹，许文贞.基于云模型的环境工程 PPP 项目后评价 [J].统计与决策，2021，37 （15）：175-179.

[118] 熊伟，李良艺，汪峰.复杂项目外包中的正式规则与非正式关系——基于 2014—2019 年 PPP 项目的生存分析 [J].公共行政评论，2021，14 （5）：23-40+196.

[119] 徐文，孟枫平.PPP 项目物有所值定量评价的风险量化方法研究 [J].山东建筑大学学报，2019，34 （2）：57-63.

[120] 许娜.准经营性城市基础设施 PPP 模式的关键成功因素研究 [D].重庆：重庆大学，2014.

[121] 薛松，张珍珍.基于 Fuzzy-DEMATEL 的 PPP 项目协同监管影响因素识别与分析 [J].软科学，2021，35 （7）：104-109+115.

[122] 薛燕.财政承受力视角下地方政府投资 PPP 项目的行为特征研究

［J］．经济与管理，2021，35（5）：87-93.

［123］闫振.PPP项目利益分配及激励机制设计研究［D］.北京：华北电力大学，2017.

［124］姚月丽.BOT投资基础设施项目成功的关键因素研究［D］.上海：同济大学，2005.

［125］叶苏东.浅谈BOT/PPP基础设施项目实施要点［J］.项目管理技术，2006（12）：37-42.

［126］叶晓甦，徐春梅.我国公共项目公私合作（PPP）模式研究述评［J］.软科学，2013，27（6）：6-9.

［127］应益华.PPP模式下物有所值评价实务与挑战［J］.中国管理信息化，2018，21（17）：7-11.

［128］于晓田，尹贻林.PPP项目物有所值定性评价指标体系构建——以污水处理PPP项目为例［J］.建筑经济，2018，39（11）：38-43.

［129］于子明．管理心理学辞典［M］．北京：中国人民解放军出版社，1990.

［130］袁竞峰，王帆，李启明，邓小鹏.基础设施PPP项目的VFM评价方法研究及应用［J］.现代管理科学，2012（1）：27-30.

［131］袁庆明，刘洋.威廉姆森交易成本决定因素理论评析［J］.财经理论与实践，2004（5）：16-20.

［132］张奥婷，刘菁，王赓.特色小镇PPP模式物有所值（VFM）评价研究——以湖州特色小镇为例［J］.建筑经济，2018，39（7）：61-65.

［133］张东林，郑萱萱，张立娟.我国PPP项目物有所值定性评价存在问题及对策研究［J］.河北建筑工程学院学报，2017，35（4）：111-113.

［134］张锋，王莹.判别PPP模式在廉租房项目建设中的适用性——基于VFM评价方法［J］.土木工程与管理学报，2016（3）：111-117

［135］张凤双.PPP项目物有所值驱动因素研究［D］.北京：北京交通大学，2017.

［136］张苗苗.污水处理项目 PPP 融资模式研究［J］.时代金融，2015（32）：203-204.

［137］张舒，徐裕钦.PPP 项目物有所值评价方法的探讨［J］.中国资产评价，2018（7）：7-10+21.

［138］张小富.PPP 模式的适用范围及选择原则［J］.财会月刊，2018（3）：53-58.

［139］张云华，谢洪涛，郑俊巍，沈俊鑫.PPP 项目执行阶段控制权动态调整机制的演化博弈［J］.系统工程理论与实践，2021，41（7）：1784-1793.

［140］赵国富，王守清.BOT/PPP 项目社会效益评价指标的选择［J］.技术经济与管理研究，2007（2）：31-32.

［141］赵晔，李俊池.我国 PPP 物有所值评价改进途径研究［J］.地方财政研究，2018（5）：85-90.

［142］赵晔.PPP 物有所值评价应关注三大问题［N］.中国政府采购报，2017-11-03.

［143］甄德云，曹富国.PPP 本质、物有所值理论研究［J］.河北经贸大学学报，2018，39（2）：46-54.

［144］中国政府采购供应商网.PPP 模式的优点［EB/OL］.［2014-11-05］.http：//www.ccgp.gov.cn/ppp/jx/201506/t20150616_5427205.htm.

［145］钟云，薛松，严华东.PPP 模式下水利工程项目物有所值决策评价［J］.水利经济，2015（5）：34-38.

［146］周正祥，张秀芳，张平.新常态下 PPP 模式应用存在的问题及对策［J］.中国软科学，2015（9）：82-95.